# DR. CAMILO CRUZ

# Los genios no nacen.. ¡SE HACEN!

Cómo programar tu mente
para triunfar y ser feliz

**TALLER DEL ÉXITO**

# Los genios no nacen... ¡SE HACEN!

Editorial Taller del Éxito
1669 N.W. 144 Terrace, Suite 210
Sunrise, Florida 33323, U.S.A.
www.tallerdelexito.com

Editorial dedicada a la difusión de libros y audiolibros de desarrollo
y crecimiento personal, liderazgo y motivación.
Diseño de carátula y diagramación: Diego Cruz

Primera edición publicada por Taller del Éxito en 2005

ISBN 10 : 1-607381-79-6
ISBN 13: 978-1-60738-179-2


Printed in Mexico
Impreso en México


13   14   15   16   17   R|MC   15   14   13   12   11

A mis hijos, Richard Alexander, Mark Anthony
y Daniel Sebastián, quienes cada día
enriquecen mi vida con su amor
y su creatividad sin límites.

A mi esposa Shirley por su infinito amor,
comprensión y apoyo durante las largas
horas de investigación y trabajo
que demandó este libro.

A todo el equipo del Taller de Éxito,
quienes con su dedicación y compromiso
han contribuido a la realización de esta obra
y día a día permiten que su mensaje llegue a
cientos de miles de personas
alrededor el mundo.

# ÍNDICE

# PRÓLOGO

Todos poseemos la habilidad para triunfar en cada una de las áreas de nuestra vida. Contamos con la capacidad para lograr nuestras metas y sueños más ambiciosos. Hemos entrado en la que algunos investigadores han llamado la "era psicozoica", la era de la mente. Lo que logremos hoy será el resultado directo de usar el ilimitado poder que reside en nuestra mente. Nuestras múltiples inteligencias, no sólo nos permitirán vivir una vida de plenitud, sino que nos pueden mostrar el camino para cambiar el mundo.

Este extraordinario libro del doctor Camilo Cruz es un gran paso para entender cómo funciona nuestra mente y cómo podemos crear la realidad que deseamos construir. Los resultados que obtenemos en nuestra vida, positivos o negativos, son la consecuencia de los pensamientos que albergamos en nuestro interior, que se manifiestan en nuestra realidad exterior. Leer este libro es como caminar por una casa oscura, donde cada capítulo nos permite encender una nueva luz.

Cada capítulo es una puerta de acceso a nuevas ideas, estrategias y posibilidades que cambiarán su vida. Logrará un mayor entendimiento de su propio potencial y del mundo que le rodea. Las ideas expuestas en esta obra le ayudarán a aprender cómo tomar control absoluto de su manera de pensar, reprogramar su mente con ideas de éxito y alcanzar así cualquier sueño o meta que se proponga.

Los genios no nacen, ¡se hacen!, es un tratado donde el lector encontrará diversas técnicas y métodos prácticos que le permitirán utilizar el poder ilimitado que ya reside en el interior de su mente subconsciente. Es importante entender que dicho poder se encuentra dentro de cada uno de nosotros y sólo espera ser utilizado para lograr nuestras metas, aumentar nuestros ingresos, mejorar nuestra salud y relaciones personales y avanzar hacia un futuro de plenitud y abundancia.

Durante los pasados 25 años, he escrito más de 30 libros, los cuales han sido traducidos a más de 20 idiomas; he producido más de 300 programas en audio y video en todas las áreas del crecimiento y desarrollo del potencial humano. Después de leer este libro de mi amigo, el doctor Camilo Cruz, puedo aseverar, sin temor a equivocarme, que Los genios no nacen, ¡se hacen!, ha logrado, por primera vez, conjugar muchas de las ideas que hasta ahora habían sido tratadas sólo en un plano teórico, junto con los últimos descubrimientos en el área del estudio del cerebro, para dar forma a un libro profundo pero sencillo de entender, que le permite al lector poner en práctica –de manera inmediata– estrategias para mejorar cualquier área de su vida.

Prepárese para empezar una excitante aventura. Este libro abrirá sus ojos a posibilidades infinitas y a oportunidades que quizá pasaron inadvertidas. Tome notas mientras lee esta obra, de manera que pueda poner esas ideas a trabajar de manera inmediata y disfrute este fascinante viaje de autodescubrimiento.

—BRIAN TRACY

# INTRODUCCIÓN

**Genio:** (1) Fuerza intelectual extraordinaria o facultad capaz de crear cosas nuevas y admirables. (2) Talento, capacidad para hacer algo. (3) Disposición para una cosa. (4) Aptitud superior de quien posee fuerza creadora. (5) Don altísimo de invención y organización. (6) Gran inteligencia.

La genialidad de la que hablan estas definiciones es la que ha permitido a ciertas personas moldear y cambiar la historia de la humanidad con sus ideas, descubrimientos, teorías, inventos y obras. No obstante, con frecuencia olvidamos que la misma mente que nos ha permitido explorar los lugares más distantes del universo, descifrar el código genético, crear las más exquisitas composiciones musicales o concebir las más ingeniosas invenciones, también es la encargada de mostrarnos el camino al éxito y a la felicidad personal.

Como ya lo dijera Aristóteles hace más de 2,300 años: "Todos los seres humanos, a pesar de perseguir metas distintas, buscan y anhelan lo mismo: la felicidad".

Por esta razón, he querido escribir un libro que nos muestre cómo cultivar y desarrollar las mismas capacidades que creíamos reservadas sólo para los Einstein, Edison y Da Vinci del mundo, y nos ayude a descubrir cómo utilizarlas a favor de nuestro éxito y nuestra felicidad. Porque cuando utilizo las palabras "desarrollar" y "cultivar", lo hago con la absoluta certeza de que los genios no nacen, se hacen. Una de las pruebas más contundentes de la validez de esta aseveración es la vida de Thomas Alva Edison, cuya fe en sus propias habilidades y ética de trabajo lo convirtieron en uno de los inventores más prolíficos de todos los tiempos.

En cierta ocasión, al preguntársele acerca de sus dotes como inventor y pedírsele que hablara de su obvia genialidad, Edison definió al genio en los siguientes términos: "1% de inspiración y 99% de sudor y trabajo duro". La disciplina y dedicación que siempre le acompañaron, le mostraron que podía aprender lo que su escasa educación formal no le enseñó e hicieron de él uno de los más grandes genios de la historia. Patentó 1,093 inventos originales y mejoras a otros. El telégrafo, el fonógrafo, la bombilla incandescente, el micró-fono, la cámara de cine, el alumbrado eléctrico, la máquina de escribir, el audífono, la batería alcalina y la aplicación práctica del teléfono son algunos de los más notables. Sin embargo, sus intereses e investigaciones abarcaron también la fotografía, el cine, la industria textil y la química.

Su genialidad fue, sobre todo, el resultado de su imaginación, su espíritu de trabajo y su perseverancia. Como ejemplos de esta inagotable persistencia basta recordar que construyó cincuenta prototipos distintos antes de crear el gramófono; o que después de más de diez mil aparentes fracasos durante la invención de la batería alcalina, cuando alguien le preguntó si no le frustraban tantos fracasos, Edison respondió: "¿Fracasos? ¿Cuáles fracasos? Todo lo que he hecho es descubrir diez mil maneras en que la batería no funciona. Pero cada intento me lleva un paso más cerca del éxito". Esta actitud de no permitir que las caídas lo frustrasen o deprimiesen fue lo que hizo posible que un niño que padeció de sordera progresiva toda su vida y fue expulsado de la escuela antes del tercer grado por considerársele "retrasado e incapaz de prestar atención y aprender", se convirtiera en una de las personas que más contribuyó al progreso de la civilización.

Esto me lleva a expresar una vez más mi total convicción de que los genios no nacen, se hacen. Así que esta obra pretende servir de guía práctica para dilucidar una de las mayores incógnitas que los seres humanos hemos tratado de entender acerca de nosotros mismos: ¿cómo despertar ese genio que todos llevamos dentro y utilizar el poder de nuestra mente para vivir una vida de plenitud y alcanzar nuestras metas más ambiciosas?

Sobre ningún tema se ha escrito, hablado y especulado tanto, como sobre el secreto para alcanzar la felicidad y el éxito. Al respecto, se han propuesto todo tipo de fórmulas, estrategias y técnicas. Los más grandes pensadores han dejado un vasto legado de escritos acerca del tema y, aunque muchos han centrado su interés en la persona y en las circunstancias que le rodean, pocos han explorado la evidente relación que existe entre nuestra manera de pensar y el nivel de éxito que podemos experimentar.

Durante más de una década, he dedicado gran parte de mi vida a ser un observador del comportamiento humano. Todos estos años me han mostrado que existe una enorme diferencia en la manera de pensar de la persona que logra cosechar grandes éxitos y vivir una vida plena y feliz y aquella que se limita a subsistir, a responder a sus necesidades inmediatas y a vivir lo mejor posible, de acuerdo a las circunstancias que encuentra en su entorno.

Sin embargo, como lo demuestra la vida y obra de Edison, esta diferencia tiene poco que ver con las circunstancias que las personas experimentan en determinado momento; con su legado, herencia familiar, país de origen o formación profesional. La gran diferencia parece centrarse alrededor del sistema de creencias, el diálogo interno y la forma de procesar información. Todos estos procesos, que ocurren en el interior de la mente, son responsables de la autoestima de la persona, de los hábitos que desarrolla, de su actitud y nivel de motivación, de sus expectativas de la vida y de la imagen que crea de sí misma. Y todo esto, a su vez, es responsable del éxito y la felicidad que experimenta a lo largo de su vida.

Edison no creía simplemente que podía triunfar. Esperaba triunfar, estaba seguro de su éxito y se encargó, a partir de su diálogo interno, de crear las imágenes mentales que reafirmaran dicha convicción. Cuando abrió su laboratorio, al que llamó: "Fábrica de inventos de todo tipo", declaró que cada diez días haría un pequeño invento y cada seis meses uno grande y asombroso. Es indudable que cuando se reta la imaginación de tal manera, terminamos por descubrir el enorme potencial que se encuentra en el interior de nuestra mente.

Platón, el gran filósofo griego, observó que los objetos y las estructuras de nuestro mundo no son mas que el reflejo de nuestras ideas y convicciones. Como consecuencia, todo lo que obtenemos de él es resultado de nuestra manera de pensar. Todo aquello en lo que concentramos nuestro pensamiento termina por convertirse en nuestra realidad. Este es, sin duda, el mayor poder que posee el ser humano y es el tema central que trataremos en este libro.

Esta no es una obra sobre la estructura de la mente, las funciones fisiológicas del cerebro o los complejos planteamientos neurosicológicos que pretenden explicar el comportamiento humano. Aun cuando a cada glándula del cerebro la llamaremos por su nombre y hablaremos de estadísticas que ilustrarán el potencial que reside en la mente humana, lo que verdaderamente persigo es que cada uno de los lectores aprenda ciertos pasos que le permitan cultivar el poder ilimitado que reside en lo más profundo de su mente. Todos los mensajes, estrategias, consejos y técnicas contenidas en estas páginas, te ayudarán a despertar el genio que reside en tu interior.

He seleccionado una metáfora muy especial como punto de partida de este peregrinar por los recónditos parajes de la mente subconsciente. Espero que disfrutes este viaje de auto-descubrimiento.

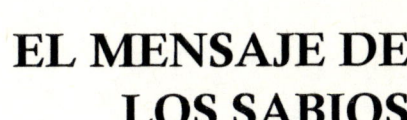

# EL MENSAJE DE LOS SABIOS

Aquel que no sabe, y no sabe que
no sabe es un idiota. ¡Evítale!
Aquel que no sabe, y sabe que
no sabe es un ignorante. ¡Enséñale!
Aquel que sabe y no sabe que
sabe está dormido. ¡Despiértale!
Aquel que sabe y sabe que
sabe es sabio de verdad. ¡Síguele!

—Proverbio árabe

Existe una leyenda acerca de una época en la historia de la humanidad en que los seres humanos aparentemente abusaron tanto del secreto del éxito y la felicidad que el concilio de sabios que estaba encargado de cuidarlo, decidió tomar el secreto y esconderlo de las personas en un lugar donde nunca pudieran recuperarlo.

El dilema era dónde esconderlo. Uno de los miembros del concilio sugirió enterrarlo en lo más profundo de la tierra, pero el más sabio de todos dijo: "No, nunca funcionaría ya que con el tiempo los seres humanos podrán excavar hasta los rincones más profundos de la tierra, y sin duda, lo encontrarán".

Otro de los sabios propuso depositarlo en la tenebrosa oscuridad del más profundo de los océanos. Pero el más sabio de todos intervino nuevamente: "No, tampoco allá serviría, ya que finalmente los hombres con seguridad aprenderán cómo llegar a la parte más honda del más profundo de los océanos, y entonces lo hallarán".

Alguien preguntó si la mejor solución no sería tomar el secreto del éxito y llevarlo a la cumbre de la montaña más alta para esconderlo allí. "¡No, no! —respondió el más sabio de ellos—, eso tampoco daría resultado, ya que un día los humanos aprenderán cómo escalar inclusive la más alta de todas las montañas, lo descubrirán y se adueñarán de él nuevamente".

Cuando todos coincidieron en que no había lugar seguro en la tierra o en el mar donde pudieran esconder el secreto del éxito sin que las personas, tarde o temprano, lo pudieran encontrar, el más sabio de todos los hombres tomó la palabra y dijo: "He aquí lo que haremos para que los seres humanos nunca puedan volver a encontrar el secreto del éxito y la felicidad. Lo enterraremos muy adentro de su propia mente, pues con seguridad ellos nunca pensarán en buscarlo dentro de sí mismos".

La historia cuenta que hasta el día de hoy, las personas han viajado por todos los rincones del mundo; han estado excavando, explorando y navegando por los confines más recónditos, en busca de algo que ya está dentro de ellos: el secreto para alcanzar el éxito y la felicidad.

La moraleja de esta historia es muy sencilla: Todos queremos ser felices y tener éxito en la vida, pero buscamos, infructuosamente fuera de nosotros algo que siempre se encontró en nuestro interior: el secreto para vivir una vida plena y feliz. Es triste que en medio de nuestro afán por lograr el éxito y perseguir la felicidad no nos sepamos poseedores de tan gran fortuna.

Entonces, ¿cuál es el mensaje de los sabios? Lo podemos resumir afirmando que: todo lo que necesitamos saber para triunfar y vivir una vida plena y feliz se encuentra en el interior de nuestra mente. Lo único que debemos hacer es preguntar, escuchar y confiar. Sólo así lograremos despertar al genio que se encuentra en nuestro interior.

La respuesta a todas nuestras preguntas, la solución a todos nuestros problemas, el poder para hacer realidad nuestras metas más ambiciosas se encuentra en lo más profundo de nuestra mente. Todo lo que necesitamos hacer es preguntar y escuchar la voz interior de nuestro subconsciente.

## MENSAJE # 1:

Todos queremos ser felices y alcanzar el éxito en la vida. Pero buscamos fuera de nosotros, infructuosamente, algo que siempre se encontró en nuestro interior, el secreto para vivir una vida plena y feliz. La respuesta a todas nuestras preguntas, la solución a todos nuestros problemas y el poder para hacer realidad nuestras metas más ambiciosas se encuentra en lo más profundo de nuestra mente. Todo lo que necesitamos hacer es preguntar y escuchar la voz de nuestro subconsciente.

# ESTA INCREÍBLE MÁQUINA LLAMADA CEREBRO

En lo más profundo de la mente humana
habitan ciertos poderes adormecidos
que le asombrarían, poderes que
el ser humano jamás soñó poseer,
fuerzas que revolucionarían su vida
si despertaran y entraran en acción.

—Orison Marden

El hecho de que estés leyendo este libro demuestra tu interés por aprender a utilizar mejor el poder que reside en tu mente.

Quizás desees utilizarlo para alcanzar nuevas metas, triunfar en un área específica de tu vida o como base para tener una vida equilibrada. No sé cuál es el punto de partida de tu camino hacia la realización del éxito y la verdad es que no importa mucho qué tan lejos creas estar de hacer realidad tus sueños. No importa si estás empezando de cero, de tres, de cinco o de menos cinco. No sé con qué aptitudes cuentas o qué habilidades necesitas aprender para llegar a donde quieres. Eso sólo lo sabes tú. Lo único que te puedo asegurar es que en este momento tienes a tu disposición la máquina más poderosa que existe en el universo: tu cerebro.

Si de verdad quieres triunfar, es vital que entiendas y aprendas a manejar tu cerebro, esa increíble máquina, cuna de tu mente consciente y subconsciente. Esos 15 centímetros que hay entre oreja y oreja; ese kilo y medio de materia gris que contienen cien billones de neuronas, capaces de almacenar más de diez trillones de bites de información, son o tu mejor aliado o tu peor enemigo en el camino hacia el logro de tus metas.

Tu cerebro, tu mente, es la cuna de un ilimitado potencial de aptitudes que puedes desarrollar. Ahí puedes programar tu misión de vida, los sueños, valores y principios que deseas que gobiernen tu camino. Tienes la opción de llenarla de posibilidades y oportunidades para triunfar o de dudas, miedos irracionales y falsas creencias acerca de ti mismo y de tu verdadero potencial, que no sólo te van a impedir ser feliz sino que seguramente te detendrán para alcanzar tus metas y sabotearán tu éxito. Así que, como ves, hasta donde llegues en el juego de la vida será el resultado de todo lo que depositaste en tu mente. Por esta razón, a lo largo de este libro te pediré que realices ciertos ejercicios y dinámicas orientadas a programar y reprogramar tu mente subconsciente con ideas para el éxito.

## Mensaje # 2

Tu cerebro, tu mente, es la cuna de un potencial ilimitado de aptitudes que puedes desarrollar. Ahí puedes programar tu misión de vida, tus sueños, tus valores y principios personales, o puedes colmarla de dudas, miedos irracionales y falsas creencias acerca de ti mismo. Así que, como ves, hasta donde llegues en el juego de la vida será el resultado de todo lo que depositaste en tu mente.

Todos queremos triunfar. Una gran mayoría de nosotros está dispuesta a cambiar y aprender lo que sea necesario para lograrlo. Muchos comienzan con este proceso de cambio y algunos logran realizar ciertos ajustes, pero son muy pocos quienes desarrollan los nuevos hábitos que les permitan alcanzar el éxito que buscaban cuando tomaron la decisión de cambiar.

¿Por qué crees que esto sucede? ¿Por qué, aunque todos queremos triunfar, muy pocos lo logramos? ¿A qué se debe que comencemos con gran entusiasmo y al poco tiempo nos encontremos en el mismo lugar de partida, a pesar de nuestras mejores intenciones? Muchos simplemente claudican si no logran ver resultados inmediatos. Otros, optan por renunciar a cualquier responsabilidad y se contentan con culpar de sus fracasos a su medio, al destino o a otras personas.

Hay quienes llegan a cuestionar sus habilidades y comienzan a dudar de su propio potencial. Los oyes hacer afirmaciones tales como: "quizá no poseo lo que se necesita", "tal vez mi mente no funciona como debiera" o "quizá yo no sirvo para eso."

Hay quienes van más lejos: "tal vez no tuve la fortuna de heredar buenos genes y no hay nada que pueda hacer", y terminan por aceptar sus limitadas capacidades. Lo peor de todo es que, desafortunadamente, muchas veces otras personas se encargan de reforzar estas limitaciones.

En su libro Despertando el gigante interior, Anthony Robbins menciona una entrevista que le hicieron al actor Sylvester Stallone en la que le preguntaban sobre una frase en particular de la película Rocky. En esta escena el protagonista dice: "Dios no me dio mucho cerebro, entonces tuve que aprender a utilizar mis puños".

Stallone, quien escribió el guión para la película, decía que eso fue algo que muchas veces oyó de su padre y que por muchos años lo frenó para ver su verdadero potencial. Él cuenta que sólo comenzó a triunfar cuando logró deshacerse de ese prejuicio, de esa creencia limitante y empezó a creer en sí mismo. Y creer en uno mismo no es más que darnos cuenta de nuestro verdadero potencial, reclamarlo, aceptarlo y comenzar a utilizarlo. Eso es precisamente lo que espero que tú hagas al leer este libro.

## TUS TRES CEREBROS

Para poder apreciar la complejidad de esta poderosa máquina y saber cómo aprovechar su potencial al máximo es vital tener ciertos conocimientos básicos sobre su funcionamiento. Imagínate que si uniésemos todos los axones de las células de tu cerebro, el resultado sería tres veces la distancia que hay de la tierra a la luna. El número de células cerebrales suma veinte veces la población de la tierra. Existen más conexiones entre las neuronas que forman parte de tu cerebro que las que hay en todos los sistemas telefónicos del mundo juntos. Más sorprendente aún es el hecho de que los estímulos nerviosos, que se transmiten a través de las neuronas, viajan a una velocidad superior a los 400 kilómetros por hora.

Generalmente, cuando hablamos del cerebro nos referimos a este órgano en singular aunque lo cierto es que no se trata de uno sino de tres cerebros. Los neurólogos contemporáneos los conciben como tres computadoras biológicas interconectadas, fusionadas en una sola estructura, cada una con su inteligencia particular.

En la parte más profunda de la estructura cerebral, justo en el extremo superior de la espina dorsal, se encuentra el primero de nuestros tres cerebros: el reptiliano. También se le conoce con los nombres de cerebro primario, primitivo o posterior.

Hace millones de años, el planeta estaba poblado principalmente por reptiles cuyo cerebro era simple y se ocupaba casi exclusivamente del mantenimiento de las funciones básicas de supervivencia. De la misma manera, nuestro cerebro reptiliano se ocupa fundamentalmente de nuestra supervivencia. Sus conductas están programadas en forma primitiva similar a las de los reptiles y sus funciones básicas son el control muscular, cardiaco, respiratorio y del balance.

En lo referente a la supervivencia, el cerebro reptiliano está involucrado en la concepción de la delimitación territorial. Además, es el responsable de nuestra tendencia a mantener una existencia rígida, obsesiva y casi programada. La repetición es típica de esta conducta. Un reptil nunca improvisa o investiga nuevas maneras de llegar de un lugar a otro. Una vez aprendido el camino, morirá realizando una y otra vez el mismo itinerario, sin detenerse nunca a evaluar formas más efectivas de llegar a ese árbol desde esta piedra y sin aprender de las equivocaciones.

Por esto el cerebro reptiliano es totalmente reacio al cambio. Cambiar de lugar de residencia, de hábitos de vida o de actitudes, creando nuevas situaciones, va en contra de su naturaleza. Esto explica la fuerte resistencia a los cambios que experimentan la mayoría de los seres humanos, independientemente de sus ventajas o desventajas.

## MENSAJE # 3:

Generalmente cuando hablamos del cerebro nos referimos a este órgano en singular, pero lo cierto es que se ha encontrado que no se trata de uno sino de tres cerebros. Los neurólogos contemporáneos los conciben como tres computadoras biológicas interconectadas, fusionadas en una sola estructura, cada una con su inteligencia particular.

Aproximadamente en el centro del cerebro está nuestro segundo cerebro, conocido como el sistema límbico, paleomamífero o cerebro medio. Este es mucho más joven y avanzado que el anterior y, en el ser humano, se encuentra situado anatómicamente entre el cerebro reptiliano y la corteza cerebral.

Es en esta área del cerebro donde procesamos nuestras emociones y las relaciones con los demás. Es aquí donde se gestan los comportamientos para enfrentar o escapar de situaciones de peligro y donde se originan los procesos que nos llevan a evitar el dolor y buscar el placer. El cerebro medio controla los sistemas hormonales, inmunológicos y sexuales del organismo, y se ha descubierto que también está involucrado en las emociones y la memoria. Una de sus funciones más importantes está ligada con la generación de emociones vinculadas a los comportamientos asociados con la preservación, la reproducción y el cuidado de la especie.

Con la evolución de los mamíferos, toda una serie de nuevas emociones se agregan al repertorio de comportamientos de sus ancestros reptilianos. Aparecen las pasiones, el amor y el odio, de manera que la vida no sólo adquiere calor, sino también un grado de libertad que implica riesgos, sin los cuales la vida carecería de sabor para un verdadero mamífero, a diferencia del comportamiento reptiliano.

El tercer cerebro, con el que la mayor parte de las personas está familiarizada, es el conocido como corteza cerebral o neocórtex. Esta tercera y más reciente fase evolutiva del cerebro provee la capacidad para solucionar problemas, desarrollar la memoria y ser creativos, entre otras funciones. Muestra dos hemisferios bien definidos. Las funciones asociadas con el lenguaje, la lógica y las matemáticas ocurren en el hemisferio izquierdo, mientras que los conceptos artísticos, musicales y creativos se sitúan en el derecho. Estos dos hemisferios están conectados por una compleja red de más de 200 millones de neuronas, lo cual significa que, a pesar de que cada uno se encarga de diferentes funciones, los dos están involucrados en casi todas las actividades mentales.

En los seres humanos la corteza ocupa dos terceras partes del total de la masa cerebral y en ella se integran las capacidades cognoscitivas, ver, escuchar, hablar, pensar y crear. Allí está nuestra capacidad de ser conscientes, de establecer relaciones y de hacer razonamientos complejos. Es ahí donde se toman decisiones, se evalúan las experiencias vividas y se le da cierto orden al mundo.

Esto no quiere decir que la corteza cerebral domine a los otros dos cerebros. El sistema límbico, regulador de las emociones, puede muchas veces dominar todas las funciones mentales superiores, como veremos más adelante. Por ejemplo, algunos investigadores en el campo del aprendizaje acelerado (proceso que busca mejorar nuestra capacidad para aprender, de acuerdo con nuestras preferencias individuales en cuanto a estilo de aprendizaje e inteligencia dominantes, que discutiremos con profundidad en el capítulo cuatro) han descubierto que existe una relación muy cercana entre las emociones y la memoria. Ellos encontraron que la información que viene acompañada de profundas emociones positivas perdura mucho más tiempo en nuestra memoria y se recuerda con mayor facilidad. Esta es sólo una muestra de la interacción que existe entre nuestros tres cerebros.

Los millones de años que tomó la evolución del cerebro —desde el primitivo cerebro reptiliano, pasando por el cerebro emocional de los mamíferos para culminar en el cerebro pensante de los humanos— se recrean en cada embrión durante los nueve meses que este toma para desarrollarse en el interior del vientre materno.

La unidad compuesta por estos tres cerebros constituye el disco duro (hardware) donde se extiende una red neuronal de casi cien trillones de interconexiones en serie y paralelas, que proporcionan la base física que permite el funcionamiento cerebral. Gracias a estos circuitos formados por las neuronas somos capaces de procesar información sensorial procedente del mundo que nos rodea y de nuestro propio cuerpo. Estos circuitos o "sinapsis," como también se les conoce, son el origen de las respuestas emocionales, el aprendizaje, la conciencia, la imaginación, la memoria y muchos otros de los procesos mentales que describiremos en los siguientes capítulos.

## Mensaje # 4:

Los millones de años que tomó la evolución del cerebro —desde el primitivo cerebro reptiliano pasando por el cerebro emocional de los mamíferos para culminar en el cerebro pensante de los humanos—, se recrean en cada embrión durante los nueve meses que este toma para desarrollarse en el interior del vientre materno.

# LA ANATOMÍA
# DE LA MENTE

El poder para mover el mundo se encuentra
dentro de tu mente subconsciente.

—William James

No hay ninguna parte del cerebro que haya sido identificada como la cuna de la mente. A pesar de que, en muchas ocasiones, nos referimos a ella como un objeto, lo cierto es que sería mucho más preciso pensarla como una función o un proceso. En cierto sentido, el término mente se refiere a la acción e interacción de las células, neuronas, sinapsis y procesos electroquímicos que ocurren en nuestro cerebro. En síntesis, la palabra mente describe todas las actividades cognoscitivas del cerebro, el proceso de pensar y procesar la información y los estímulos provenientes del mundo exterior.

Después de muchos años de investigación hemos entendido el papel que juegan ciertas partes del cerebro en los procesos mentales que ocurren en el consciente y el subconsciente de la persona. Sabemos, por ejemplo, que el hipocampo funciona como un sistema de comparación, contrastando continuamente la información que llega del mundo exterior con la que se encuentra almacenada en el disco duro del subconsciente.

No obstante, también sabemos que las capacidades mentales involucran mucho más que el cerebro, de manera que podemos decir que la mente se encuentra distribuida a todo lo largo y ancho del organismo. Muchos científicos la han estudiado y nos han proporcionado ciertos patrones y estructuras para entender su comportamiento. En la medida que logremos un mejor entendimiento acerca del funcionamiento de nuestra mente, podremos aprovechar al máximo su potencial.

Por ejemplo, ¿cuáles funciones realiza nuestra mente consciente y cuáles ocurren en nuestro subconsciente? La primera, que también es conocida como la mente lógica, racional o pensante, es la que programa, mientras que la segunda es la instintiva o intuitiva. Así que el subconsciente es el disco duro o centro de la memoria y por ende, es la mente programable.

La mente consciente hace el papel de juez en el funcionamiento del cerebro. Ella evalúa la importancia de la información que llega del mundo exterior, la acepta o rechaza y se encarga de razonar, formar juicios y tomar decisiones. Se calcula que constituye entre 5 y 10 por ciento del total de nuestra mente. Allí toman forma nuestros pensamientos racionales y lógicos. Generalmente, cuando las personas hablan de la mente, se refieren a esta parte consciente.

Una de las tareas o actividades más importantes de la mente consciente es la de programar nuestro subconsciente. Esta programación ocurre cuando aceptamos e interiorizamos cualquier idea como si fuese una verdad incuestionable, cuando fijamos metas o establecemos ciertas creencias acerca del mundo, de otras personas o de nosotros mismos. Cuando hacemos cualquiera de estas cosas lo que en realidad estamos haciendo es programar nuestro subconsciente.

La mente consciente es la que acepta dicha información; la que decide aceptar dichas ideas, establece esas creencias y decide fijarse esas metas. Todos estos son programas mentales que van a parar al disco duro de la mente subconsciente, ya que esta no puede autoprogramarse o proveerse ella misma de instrucciones, a menos que estos mandatos sean puestos allí conscientemente.

Ahora hablemos del subconsciente, el disco duro que constituye entre 90 y 95 por ciento del total de nuestra mente.

La mente subconsciente es la encargada de controlar una gran mayoría de los procesos automáticos del organismo, como el crecimiento, los latidos del corazón y el sistema digestivo. Como es de esperar, el subconsciente nunca duerme. Si durmiera, no te despertarías por la mañana, ya que es el encargado de controlar la respiración, la circulación y todas las funciones que no pueden detenerse simplemente porque estés dormido. Tu mente consciente puede darse el lujo de dormir, pero no tu subconsciente.

## MENSAJE #5:

Una de las tareas o actividades más importantes de la mente consciente es la de programar nuestro subconsciente. Esta programación ocurre cuando aceptamos e interiorizamos cualquier idea como si fuese una verdad incuestionable, cuando fijamos metas o establecemos ciertas creencias acerca del mundo, de otras personas o de nosotros mismos. Cuando hacemos cualquiera de estas cosas lo que en realidad estamos haciendo es programar nuestro subconsciente.

Este es el centro emocional del organismo, donde se regulan los niveles hormonales del cuerpo y se generan tus instintos para luchar o huir de situaciones de riesgo o supervivencia. Frente al peligro, tu mente subconsciente inmediatamente da instrucciones a tu organismo para que segregue una hormona, llamada adrenalina, en la corriente sanguínea. Esto incrementa los latidos del corazón, acelera la respiración y aumenta la presión sanguínea, con el fin de preparar a tu cuerpo para que enfrente al peligro o huya rápidamente de este. Y todo esto sucede sin que te detengas a pensar en ello conscientemente. No tienes que evaluar cuánto aumentar los latidos del corazón o si es el momento de comenzar a respirar más rápido de lo acostumbrado. Todos estos cambios y ajustes ocurren automáticamente.

Otra de sus tareas es grabar, guardar y recordar la información que llega a tu cerebro a través de los sentidos. Tu subconsciente es como la tierra de un jardín que acepta todo lo que siembras, sin discriminar si la semilla es buena o mala. Él no tiene el poder de rechazar nada, puesto que no posee la habilidad de razonar si la información que entra es falsa o verdadera, o si las instrucciones u órdenes dadas por el consciente son benéficas o dañinas. Él no puede discutir con las creencias del consciente; es incapaz de determinar si tus planes son buenos o malos y qué efecto tendrán en tu vida. Simplemente, acepta la información sin emitir ningún juicio sobre esta, y la guarda en la memoria, tal como lo haría una computadora.

Para el subconsciente, los temores, las mentiras o cualquier tipo de pensamiento negativo tienen tanta validez como cualquier pensamiento positivo. Es más, si tú crees que cierta idea es una verdad incuestionable, independientemente de si es cierta o no, tu subconsciente la aceptará como tal y operará bajo la firme creencia de que es tan cierta como tú lo crees.

Si piensas que eres un idiota, tu mente lo aceptará sin discusiones. Y si te empeñas en creer que lo eres, terminará por aceptarlo como una verdad absoluta y actuará de acuerdo con ella.

Si en tu mente reposa la idea de que no podrás triunfar porque no fuiste a la escuela, eres mujer, eres mayor y nadie te va a tener en cuenta, o porque eres muy joven y nadie te va a tomar en serio, tu subconsciente programará esta idea, por absurda que sea, y la adoptará como una verdad incuestionable. Y no sólo aceptará estas creencias limitantes y actitudes negativas, y actuará basándose en ellas, sino que también, con el tiempo, hará que tu mundo exterior haga eco con estas creencias internas, se adapte a ellas y termine por aceptarlas como tu destino.

## Mensaje # 6:

Si crees que eres un idiota, tu mente lo aceptará sin discusiones, y si te empeñas en creer que lo eres, terminará por aceptarlo como una verdad incuestionable y actuará de acuerdo con ella. Tu subconsciente no sólo aceptará esta creencia limitante y actuará basado en ella, sino que, con el tiempo, hará que tu mundo exterior haga eco con estas creencias internas, se adapte a ellas y termine por aceptarlas como tu destino.

## El poder ilimitado de tu subconsciente

En su programa Sabiduría interior, Wayne Dyer relata la historia de un joven que quedó atrapado bajo su automóvil mientras lo reparaba. El carro cayó sobre él y lo atrapó contra el suelo. Al ver a su hijo en peligro de muerte, su madre corrió en su auxilio, levantó el pesado auto con una mano mientras que, con la otra, lo ayudaba a salir, salvándole la vida.

Al preguntársele a un doctor sobre la inusual fuerza de esta mujer de apenas 50 kilos de peso, él la atribuyó al poder de la mente subconsciente. Ante el estrés provocado por tan traumática situación, explicaba el doctor, la única solución que esta mujer encontró para salvar a su hijo fue hacer lo imposible: levantar un objeto veinte veces más pesado que ella. No había otra salida ni existía otra opción. Había que actuar de inmediato y su mente subconsciente le mostró cómo acceder a un poder que hasta ese momento no creía poseer.

Es indudable que ciertas personas realizan acciones asombrosas con el poder de su mente de manera casi rutinaria. Quizás hayas tenido la oportunidad de ver en televisión a la calculadora humana, un joven estadounidense que puede realizar complicadas operaciones matemáticas mentalmente, con impresionante rapidez y total exactitud.

Recuerdo haber visto en cierta ocasión en un programa de televisión a cierta mesera de un restaurante poseedora de una memoria asombrosa. En una demostración de su agilidad mental, fue capaz de tomar los pedidos de veinticinco personas sin hacer ninguna anotación y después traer los veinticinco platos principales con sus correspondientes bebidas y postres sin cometer ningún error. Todos nosotros, seguramente, hemos sido testigos de impresionantes hazañas atribuidas al poder de la mente. Así que después de ver lo que puede lograr me atrevo a afirmar, una vez más, que todos somos genios en potencia y podemos lograr mucho más de lo que hasta ahora hemos sido capaces.

## Mensaje # 7:

Todos somos genios en potencia y podemos lograr mucho más de lo que hasta ahora hemos logrado. No obstante, la gran mayoría de nosotros sólo utiliza 2% del potencial de nuestra mente. Imagínate la clase de vida que tendrías si aprendieras a utilizar el ilimitado potencial de tu mente.

Si aún tienes alguna duda al respecto, quiero que sepas que de acuerdo con el Stanford Brain Institute, la gran mayoría de nosotros sólo utiliza 2% del potencial de nuestra mente. Imagínate la clase de vida que tendríamos si aprendiéramos a utilizar el potencial ilimitado con el que contamos. Esto es mucho más significativo que las anteriores hazañas. Todos estamos interesados en descubrir el verdadero potencial que reside en lo más profundo de nuestra mente, no tanto para realizar hazañas como estas, sino para utilizarlo en la construcción de nuestro éxito y nuestra felicidad.

La mente es una de las herramientas más poderosas del universo. Ella nos ha mostrado cómo hacer cosas que, hasta hace poco, parecían imposibles. Sin embargo, así como es de poderosa es igual de débil y vulnerable. Si la expones a ideas malas y corruptas, o la asocias con vicios y malos hábitos, con el tiempo los aprenderá y sucumbirá ante estos comportamientos. Así que, como ves, en tus manos está el poder y la decisión de programar tu mente para el éxito o el fracaso, la dicha o la desdicha.

Quien, en el camino de visita a un cliente para ofrecerle un nuevo producto, piensa que él seguramente no estará interesado; el atleta que de antemano cree que sus posibilidades de ganar son casi nulas; o aquel que tiene la total certeza de que no va a triunfar en la vida porque nunca fue a la escuela, son seres que han tomado la decisión consciente o inconsciente de programar su mente y su vida para el fracaso.

## EL CONDICIONAMIENTO NEGATIVO: LA LEY DE LA CAUSA Y EL EFECTO

William James, considerado el padre de la sicología en Estados Unidos, decía que casi todos los seres humanos sentimos como si una nube pesara sobre nosotros, manteniéndonos siempre por debajo de nuestro nivel óptimo en cuanto a nuestra claridad de pensamiento, la seguridad en el razonamiento o la firmeza en el momento de tomar decisiones. Anotaba que, comparado con lo que podríamos ser, es como si sólo estuviésemos medio despiertos. Lo que podemos alcanzar es extraordinario, sin embargo, lo que generalmente obtenemos es penoso. Y no es porque haya algo malo con tu mente; ella funciona perfectamente.

### MENSAJE # 8:

La mente es una de las herramientas más poderosas del universo. Ella nos ha mostrado cómo hacer cosas que hasta hace poco parecían imposibles. Sin embargo, así como es de poderosa es igual de débil y vulnerable ya que si la expones a ideas malas y corruptas, o la asocias con vicios y malos hábitos, con el tiempo ella los aprenderá y sucumbirá ante dichos comportamientos. Así que, como ves, en tus manos está el poder y la decisión de programar tu mente para el éxito o el fracaso.

Si hasta ahora las cosas no han salido como tú esperabas, no es porque carezcas de buenos genes o no tengas el potencial para triunfar. Debemos entender que los buenos o malos resultados que obtenemos en la vida son la consecuencia de pensamientos, acciones y emociones específicas. Estemos satisfechos con ellos o no, estos son sólo el producto de los pensamientos que los generaron. Y si repetimos los mismos pensamientos y acciones, obtendremos exactamente los mismos resultados.

En física, esto es conocido como la ley de la causa y el efecto. Esta ley estipula que toda causa o acción tiene un efecto o consecuencia. La riqueza, la felicidad y el éxito son los resultados, directos o indirectos, de causas o acciones específicas. Todas las personas construyen su mundo a partir de su manera de pensar.

Muchas personas no logran entender esto; continúan cayendo en las mismas trampas de siempre y siguen experimentando las mismas frustraciones de toda la vida porque repiten las mismas acciones y son esclavos de los mismos hábitos que los hicieron caer en estas trampas la primera vez.

Si deseas obtener resultados distintos, debes cambiar los pensamientos, las acciones y las emociones que intervienen en este proceso. Es absurdo continuar actuando de la misma manera como siempre lo has hecho y, aun así, esperar resultados diferentes. Si continúas haciendo lo que siempre has hecho, obtendrás los mismos resultados que hasta ahora has conseguido.

## MENSAJE # 9:

Los buenos o malos resultados que obtenemos en la vida son la consecuencia de pensamientos, acciones y emociones específicas. Si repetimos estos mismos pensamientos obtendremos exactamente los mismos resultados. Es absurdo continuar actuando de la forma en que siempre lo has hecho y, aun así, esperar resultados diferentes. Si continuas haciendo lo que siempre has hecho, obtendrás los mismos resultados que hasta ahora has conseguido.

Con frecuencia escucho a personas que experimentan una caída y, frustradas, me dicen: "doctor Cruz, yo no entiendo por qué siempre me sucede lo mismo. Es la quinta vez que esto me pasa", y yo les respondo: "y si siempre te sucede, ¿por qué lo sigues haciendo?"

Es como si fueses caminando por la calle y pisaras una cáscara de plátano. ¿Qué crees que sucederá? Seguramente resbalarás y caerás. Ahora, imagínate que caminas un par de metros adelante, ves otra cáscara y la vuelves a pisar, te caes nuevamente y luego reflexionas: pero, no entiendo, ¿por qué siempre me sucede lo mismo? No tiene sentido. Y hay personas que parecen empeñadas en pisar todas las cáscaras de plátano que ven.

A ellas debo explicarles que no es que la vida se haya ensañado en su contra; ni la mala suerte ni nada por el estilo. Lo que les sucede es absolutamente normal. La cáscara no discrimina, esto le sucede a todo aquel que pisa una cáscara de plátano y, quien continúe haciéndolo, seguirá experimentando los mismos resultados. En la vida no hay errores, sólo lecciones que debemos aprender, y si las ignoramos, seguirán presentándose de distintas maneras hasta que decidamos aprenderlas.

¿Qué debes hacer si tienes un virus en tu computadora? Un virus informático no es más que un programa que crea ciertos resultados o comportamientos en tu máquina. Puede ser, por ejemplo, un programa que le ordene a tu computadora que cada vez que desees guardar cierto archivo o documento, en lugar de hacerlo, lo borre.

Si tú no sabes que tu computadora tiene este virus, puedes tener las mejores intenciones de hacer un gran trabajo, poner tu mejor esfuerzo y saber todos los pasos que debes seguir. No obstante, al momento de guardar tu archivo, verás cómo el fruto de todo este esfuerzo desaparece ante tus ojos sin que puedas hacer nada al respecto.

Quizá no sepas qué fue lo que sucedió. Tal vez te culpes, asumiendo que, inadvertidamente, cometiste un error y decidas rápidamente volver a elaborar todo el documento. Esta vez, al momento de guardarlo, pones mayor atención, te aseguras de oprimir la tecla correcta y, ¡zas!, sucede lo mismo. Ahora sí, te pones furioso, insultas a tu computadora, reniegas de tu mala suerte y, frustrado, miras atónito la pantalla sin poder entender qué pasó.

¿Te ha pasado esto alguna vez? ¿Cuál es nuestra respuesta ante una situación como esta? Muchas veces, simplemente nos damos por vencidos. Algunas personas optan por intentarlo de nuevo y caen en la misma trampa; otros, asumen que hay un complot en su contra y algunos más deciden que es el momento de comprar otra computadora.

Sin embargo, todo el problema se generó por la presencia de un pequeño programa en tu disco duro que, sin tu conocimiento, realiza un comportamiento adverso y específico para el cual fue diseñado. Si tienes un antivirus que lo identifique y lo erradique, todo volverá a la normalidad. Esta es la única manera de corregir el problema y darle una solución definitiva.

Lo mismo sucede con tu vida. Si existe un comportamiento concreto que deseas cambiar; si hay algo con lo que no estás a gusto y los resultados obtenidos no son los deseados; lo que debes hacer es identificar los pensamientos, creencias, emociones y acciones que generaron dichos resultados o comportamientos, para erradicarlos de tu mente y eliminarlos de tu vida. Una vez que hayas hecho esto, entonces debes dedicarte a la tarea de identificar y crear las emociones, creencias y pensamientos que sabes que producirán los comportamientos y resultados que verdaderamente deseas experimentar en tu vida y con ellos debes alimentar tu mente. ¡Es así de simple!

Remueve de tu subconsciente la programación que te hace daño; te impide utilizar tu verdadero potencial y te está deteniendo para alcanzar tus sueños. Programa de nuevo tu mente con la información que sabes que te ayudará a utilizar tu potencial al máximo.

En el campo de la informática se utiliza una expresión que dice: "Si programas tu computadora con basura lo único que vas a obtener de ella es basura".

Lo mismo ocurre con tu mente, si pones basura en ella, todo lo que obtendrás será basura. Si la programas con información incorrecta no puedes esperar los resultados deseados. Así que, si quieres obtener resultados distintos a los obtenidos hasta el momento, debes cambiar tus programas mentales. Quizá necesites introducir un nuevo programa (software) en tu disco duro o actualizar el que hoy usas. Y ese nuevo programa puede ser una nueva serie de creencias acerca de ti mismo, de quién eres, de tus habilidades y de lo que puedes lograr si te lo propones.

No obstante, no basta con querer cambiar o ser consciente de la necesidad de hacerlo. La voluntad o el deseo de cambiar no son suficientes. La única opción es cambiar. Si deseas ver cambios en tu comportamiento y en tu vida, tal vez necesites revisar los programas que hasta hoy han dirigido tu mente. Lo que quiero lograr con los diferentes ejercicios que vas a encontrar más adelante es mostrarte cómo eliminar los programas mentales que te han limitado y cómo reprogramar tu mente con el software correcto.

## Mensaje # 10:

Si deseas ver cambios en tu comportamiento y en tu vida, necesitas remover de tu subconsciente la programación que te impide alcanzar tus sueños y no te permite utilizar tu verdadero potencial. Reprograma tu mente con aquella información que sabes que te ayudará a utilizar tu potencial al máximo. No es suficiente con querer cambiar o ser consciente de la necesidad de hacerlo. La voluntad o el deseo de cambiar no son suficientes. La única opción es cambiar.

# LA MENTE SUBCONSCIENTE: CUNA DE LA MEMORIA

Enterrados en los recónditos parajes de
nuestro cerebro, se encuentran pensamientos
entrelazados por cadenas invisibles.
Despierta tan sólo uno de ellos y de repente
toda una legión de ideas aparece.

—Alexander Pope

**E**n el capítulo anterior mencionaba algunas de las asombrosas habilidades que ciertas personas han logrado desarrollar, utilizando su capacidad para memorizar información. Personas como Dominic O'Brien, capaz de memorizar el orden exacto de 1,820 naipes de 35 barajas, o el periodista ruso Solomon Shereshesvskii quien podía recordar una lista de 400 números puestos al azar en una tabla de 20 por 20, treinta años después de haberla memorizado. En una prueba, un entrevistador le pidió que recordara lo que había ocurrido cierto día en particular, 15 años atrás. Después de una pequeña pausa, Solomon le preguntó, ¿a qué hora?

Es posible ver estas hazañas y pensar que son el resultado de poderes innatos. Y aunque ciertamente, muchas personas han nacido con una memoria prodigiosa, lo cierto es que, en muchos otros casos, esta capacidad para memorizar y recordar es el resultado de aplicar ciertas técnicas que todos podemos aprender. Lograr una buena memoria no es tan difícil como se cree. El problema es que la gran mayoría de nosotros ni siquiera lo intenta porque no cree tener el control sobre esto.

Ahora bien, resulta seductor y atractivo poder solucionar complicados cálculos matemáticos en nuestra mente, recordar grandes listas de nombres o recitar largas secuencias de números sin equivocarnos. Sin embargo, aún más importante es el papel que una buena memoria juega en la creación de los hábitos de éxito necesarios para triunfar en la vida. Nuestra capacidad para aprender de los errores, identificar oportunidades de éxito, planear nuestro futuro o tomar decisiones, está íntimamente ligada con nuestra memoria. Si no contáramos con esta capacidad mental, ninguno de estos procesos sería posible. En este sentido, la memoria está íntimamente ligada a la programación positiva que debe ocurrir para que, como verás más adelante, logres hacer del éxito un reflejo automático en tu vida.

Si bien, la capacidad de la memoria es excepcional, los científicos estiman que casi todas las personas tienden a recordar sólo uno por ciento de la información recibida del mundo exterior. De manera que, si deseas utilizar tu memoria para programar y recordar los principios de éxito que te permitan triunfar, debes ampliar tu capacidad para recordar, ya que, a pesar de lo que una buena memoria nos permite hacer, ella no es perfecta. Los científicos han descubierto que la mente humana no graba información de la manera como lo hace una cámara o una grabadora.

## MENSAJE # 11:

Nuestra capacidad para aprender de los errores, identificar oportunidades de éxito, planear nuestro futuro o tomar decisiones está íntimamente ligada a nuestra memoria. Si no contáramos con esta capacidad mental, ninguno de estos procesos sería posible, y no nos beneficiaríamos de las enseñanzas de las experiencias pasadas.

La intensidad con que recordamos diferentes sucesos varía. Algunas cosas se olvidan rápidamente mientras que otras son fáciles de recordar. Hasta hace poco, la memoria era concebida como una estructura, pero ahora es vista como un proceso. Al entender sus diferentes etapas nos será mucho más fácil saber cómo funciona la memoria, cuáles son sus limitaciones y su potencial.

## LA COMPUTADORA HUMANA EN ACCIÓN

Existen varios modelos que buscan explicar la naturaleza y el funcionamiento de la memoria. Uno de ellos es conocido como el modelo de procesamiento de información. De acuerdo con este, la mejor manera de com-prender los diferentes aspectos concernientes a la memoria es concibiendo a la mente humana como un sistema o centro de procesamiento de información.

En este centro, los procesos de la memoria pueden dividirse en tres categorías:

- Los procesos encargados de codificar la información proveniente del mundo exterior.

- Aquellos procesos mediante los cuales se archiva esta información.

- Aquellos que nos permiten recuperar la información adecuadamente archivada.

Estos procesos son similares a los que ocurren durante la operación y funcionamiento de una computadora. De ahí que el nombre de este modelo sea el de procesamiento de información ya que, al igual que en una computadora, el primer paso es introducir o codificar la información en el disco duro. Luego, hay que guardarla o archivarla bajo determinado nombre y, posteriormente, recuperarla o rescatarla para utilizarla nuevamente.

Si estás estudiando para un examen o una prueba que debes realizar, el primer paso se da cuando tomas el libro y, deliberadamente, grabas la información en tu memoria. Este proceso de memorizar dicha información requiere tomar el mensaje sensorial, es decir el material escrito que estás estudiando, y traducirlo a una forma o código de memoria, para que después sea procesado.

Puesto que la información debe permanecer en tu memoria desde ese momento hasta el examen es de suponer que ha ocurrido un proceso de archivo, lo que te permite mantener dicha información en tu memoria y recuperarla durante el examen. Este último paso involucra el uso de la información previamente guardada o archivada en la memoria y es al que comúnmente nos referimos cuando decimos que hemos recordado algo.

Ahora bien, lo importante de entender es que si los resultados en el examen son pobres, esto se debe a deficiencias en la manera cómo la información fue guardada; a una ruptura en el proceso de recuperación de la información; a que la información nunca fue grabada o a que la información archivada estaba equivocada.

Lo más importante es que estos mismos procesos operan cuando deseas aprender, interiorizar y recordar información vital para tu éxito personal. Si grabas información incorrecta en tu memoria acerca de tus verdaderas habilidades o si nunca programas tu mente con las metas y objetivos que deseas alcanzar, habrás incurrido en las deficiencias descritas y los resultados obtenidos seguramente estarán muy lejos de lo que deseabas.

## LA ESTRUCTURA DE LA MEMORIA

¿Qué forma toma la información una vez que es guardada en la memoria? ¿Cómo funciona exactamente nuestra memoria?

Actualmente, muchos científicos coinciden en que la memoria no puede concebirse como una entidad única, sino como un sistema de módulos que interactúan de manera constante, a través de los cuales la información es procesada y guardada.

El modelo más aceptado concibe tres módulos distintos: memoria sensorial, memoria a corto plazo y memoria a largo plazo. Cada una de estas partes retiene información durante un periodo definido, utilizando posiblemente diferentes métodos para codificarla. Lo que sí sabemos es que existe un límite en cuanto a la cantidad de información que cada parte puede mantener en determinado momento.

De acuerdo con este modelo, la información inicialmente se guarda en la memoria sensorial. Si le prestamos la atención suficiente, entonces pasa a la memoria a corto plazo. Ahí puede permanecer mediante la repetición continua de la misma, lo que ayuda a que, finalmente, dicha información se guarde en la memoria a largo plazo. Si alguna información no realiza esta secuencia, lo más probable es que sea olvidada. Esto no quiere decir que la información abandone el sitio físico donde se guardó por ese breve tiempo, sino que no fue codificada y archivada de tal manera que fuera fácil recuperarla.

Como es de suponer, la memoria sensorial tiene un carácter más efímero. Básicamente, toda información llega a nuestra mente a través de los sentidos. La función de la memoria sensorial es reunir y retener momentáneamente toda la información y los estímulos provenientes del mundo exterior. Tu mente está constantemente expuesta a un sinnúmero de impulsos que son reemplazados rápidamente por nueva información. Sólo aquella información que tu mente considere importante persiste un poco más en tu memoria sensorial, mientras que la demás es descartada. Cuando has estado viendo un cuadro y dejas de mirarlo, la imagen persiste en tu memoria por unos instantes. De repente, la imagen se hace más y más borrosa hasta que se olvida o es reemplazada por nueva información.

Lo cierto es que la memoria sensorial mantiene la información tan sólo por unos segundos, de tal manera que, en la mayoría de los casos, no somos totalmente conscientes de ella. Sin embargo, durante ese breve periodo algo importante ocurre, nuestra mente toma la decisión sobre cuál información ignorar y cuál atender y permite que la elegida continúe su camino hacia la memoria a corto plazo, para su eventual almacenamiento en la memoria de largo plazo. Esta es una gran ventaja, ya que si todo estímulo se quedase permanentemente grabado en la memoria a largo plazo, tu mente sería un caos.

Entonces, sólo aquella información suficientemente interesante o importante como para captar nuestra atención, pasa a nuestra memoria a corto plazo. Es muy común creer que cuando nos referimos a este tipo de memoria, estamos haciendo alusión a la parte de la memoria responsable de almacenar los recuerdos recientes, quizá los de hace un par de horas; no obstante, lo cierto es que esta es mucho más breve y frágil, y sólo retiene la información el tiempo suficiente mientras tiene sentido para nosotros.

Cuando saludamos a alguna persona y nos dice su nombre, dicha información sólo se retiene en nuestra memoria a corto plazo unos cuantos segundos; si no realizamos un esfuerzo consciente para continuar con el proceso de almacenamiento hacia la memoria a largo plazo, esta información seguramente será olvidada después de 15 o 20 segundos. Lo mismo sucede con un número telefónico que alguien nos ha dado, a menos que lo repitamos varias veces. Cualquier esfuerzo por recordar la información que llega a tu memoria a corto plazo, ayuda a que esta pase a la memoria de largo plazo para ser almacenada permanentemente.

Varias investigaciones han demostrado que, pese a que la memoria sensorial es archivada en su formato original (auditiva y visual), la información guardada en la memoria de corto plazo es archivada sólo de forma auditiva, es decir, de acuerdo a la manera cómo suena.

### Mensaje # 12:

La memoria a corto plazo es importante por tres razones. Primero, porque cuando nuestra mente consciente toma decisiones o delibera acerca de cualquier idea o pensamiento, lo hace mediante el uso de la memoria de corto plazo. La segunda razón es que la memoria de corto plazo facilita el camino para que toda información relevante, eventualmente sea archivada en la memoria de largo plazo. Y tercero, porque actúa como un filtro, seleccionando lo que va a conservar y lo que va a ignorar.

Finalmente, la parte más extensa del sistema de la memoria está conformada por la memoria de largo plazo. Ella guarda información por periodos que van desde algunos minutos hasta varias décadas. Ahí se encuentra la información de conversaciones recientes así como la de eventos ocurridos meses atrás y hasta recuerdos de la infancia.

La mayoría de los lapsos de memoria; desde no acordarse del nombre de una persona que conociste hace un par de días, pese a haberlo repetido varias veces, hasta no recordar un dato en un examen, aunque lo estudiaste varias horas, son el resultado de un fallo en la recuperación de la información archivada en la memoria a largo plazo. No obstante, muchos científicos aseguran que toda esta información perdurará en esta parte de tu memoria por siempre, codificada de alguna manera y guardada en alguno de los inmensos archivos neurológicos de tu cerebro.

En muchos aspectos, la memoria a largo plazo es como una gran biblioteca o un inmenso archivo de imágenes, sonidos, olores y demás estímulos que hemos guardado a lo largo de nuestra vida. Constantemente estamos archivando nueva información y la cantidad que puede guardarse allí es esencialmente ilimitada.

Ahora bien, mientras que en la memoria sensorial la información se almacena de manera visual y auditiva y en la memoria de corto plazo de manera auditiva; la memoria de largo plazo almacena información de acuerdo con su significado.

Después de sostener una conversación, es mucho más probable que recuerdes el significado o la idea central de dicha conversación y no que la recuerdes palabra por palabra. Sonidos, olores, sabores e imágenes también son codificados en nuestra memoria a largo plazo. Es posible que recuerdes cómo se sentía la piel de tu hijo al tocarla, cómo sonaba la voz de un ser querido, o que, en cierta reunión meses atrás, reinó un ambiente de discordia en lugar de los detalles específicos de esta. Así es cómo archiva información tu memoria a largo plazo.

## CÓMO DESARROLLAR UNA MEMORIA PRODIGIOSA

A lo largo del tiempo siempre ha existido una obsesión por mejorar nuestra memoria. Cada año se gastan millones de dólares en libros, hierbas, vitaminas, suplementos y tácticas de dudoso valor científico que prometen ampliar nuestra capacidad para memorizar y recordar información. No obstante, los investigadores de este campo aseguran que las claves para mejorar esta capacidad son mucho más simples de lo que la mayoría piensa: mayor atención, focalización, paciencia y mayor organización.

Cuando hablamos de mejorar nuestra memoria, generalmente nos referimos a la de largo plazo. Sin embargo, la clave para mejorar su efectividad se encuentra en mejorar la manera como manejamos dicha información cuando se encuentra en nuestra memoria a corto plazo. Después de todo, es allí donde se lleva a cabo el proceso de selección, codificación y almacenamiento de dicha información. Aunque, como ya lo mencionamos, el papel que juegan las emociones en el proceso de recordar información no es totalmente claro, investigaciones en el campo del aprendizaje acelerado demuestran que existe una relación muy estrecha entre las emociones y la memoria y esta relación nos puede dar la primera clave sobre cómo mejorarla. La información que viene acompañada de emociones positivas se recuerda mucho más fácilmente.

E. B. Bolles, autor del libro Recordando y olvidando: un estudio sobre la naturaleza de la memoria, dice: "nosotros re-

cordamos aquello que entendemos; entendemos aquello a lo
que hemos prestado atención, y prestamos atención a lo que
queremos y deseamos". En otras palabras, ciertas experiencias
generan emociones que enfocan nuestra atención en estas y nos
permiten entenderlas y fijarlas en nuestra memoria.

Todos hemos utilizado alguna vez la expresión "lo he olvidado", dando a entender, en la mayoría de los casos, que dicha
información se ha extraviado en la memoria. Sin embargo, lo que
verdaderamente sucedió es que fuimos incapaces de recuperar
aquella información del archivo donde se encuentra. Prueba
de ello es que, cuando creemos haber olvidado un nombre y
lo escuchamos nuevamente, lo reconocemos y rescatamos de
inmediato la información que creíamos perdida.

### MENSAJE # 13:

Recordamos aquello que entendemos; entendemos aquello
a lo que hemos prestado atención, y prestamos atención a lo
que queremos y deseamos. La información y la experiencia,
cargadas de un componente emocional profundo, logran enfocar nuestra atención en estas y nos permiten entenderlas y
fijarlas en nuestra memoria.

De acuerdo al doctor Daniel L. Schacter, decano del departamento de sicología de la universidad de Harvard, la
memoria, al igual que otras capacidades físicas y mentales, se
puede desarrollar gracias al entrenamiento personal. Podemos
mejorar nuestra capacidad de memorizar información a través
de diferentes técnicas que involucran la asociación, las imágenes
mentales y el uso de palabras-gancho.

A continuación quiero compartir algunas de estas estrategias mnemotécnicas muy útiles en el desarrollo de una memoria prodigiosa. Las más comunes y obvias son:

1. Prestar mayor atención al momento de aprender nueva información, evitar las distracciones internas o externas que no nos permiten escuchar atentamente y desarrollar la habilidad para enfocar nuestra atención en la actividad que estamos desarrollando. Por ejemplo, va a ser muy difícil recordar el nombre de una persona, si cuando nos lo dice estamos mirando por encima de su hombro a la persona que se encuentra detrás o estamos pensando en algo que tenemos que hacer más tarde. De igual manera, será muy difícil recordar la información para un examen, si al momento de estudiar lo hacemos tratando de seguir de cerca la trama de una película en la televisión.

Esto es algo que requiere disciplina, pero puede hacerse. La mayoría de las interferencias, que nos impiden procesar información de manera correcta, son producto de la memoria sensorial, la cual constantemente envía información sobre el entorno a la memoria a corto plazo, que se distrae con facilidad, ya que necesita procesar toda la información con la misma rapidez con que la memoria sensorial la envía. Por tal razón, no puede esperarse que la memoria a corto plazo retenga información sin ser interrumpida por mucho tiempo. Así que enfocar nuestra atención nos ayudará a mejorar nuestra memoria a corto plazo.

Muchas veces no recordamos lo que una persona nos acaba de decir porque estábamos más preocupados por lo que íbamos a responder antes que por escucharla o tratábamos de adivinar hacia dónde iba la conversación o sacábamos conclusiones por anticipado, de manera que prestábamos muy poca atención a la conversación. Te sugiero entonces que hagas el siguiente ejercicio:

Eres el conductor de un autobús y en la primera parada se suben ocho pasajeros. En la segunda, bajan cuatro y suben dos. En la siguiente, descienden tres y suben diez. En la otra, bajan dos. En la quinta suben cinco y en la última bajan cuatro. ¿Ahora, puedes decirme el nombre del conductor? Antes de apresurarte a pensar que te he jugado una broma, quiero que repases el ejercicio. Al principio escribí "eres el conductor..." Ves lo fácil que es desviar la atención y olvidar la información que acabamos de procesar. Así que el primer paso para tener una súper memoria es mejorar nuestra capacidad para prestar atención al momento de recibir una nueva información.

2. Utilizar ayudas externas. Existen técnicas para recordar, en las que la asociación de los estímulos visuales o auditivos nos ayudan a recuperar la información fácilmente. Si escribimos la información que deseamos recordar aumentamos las posibilidades de que esta sea archivada de tal manera que su recuperación sea mucho más fácil. Si utilizamos dibujos o imágenes en combinación con dicha información, el cerebro tendrá a su disposición muchos más elementos para localizar la información en el futuro. Recordar una lista de palabras escritas nos resultará más fácil si, además de leerlas, alguien nos la repite en voz alta y, aún más, si también la anotamos, ya que aquí se añade

una actividad motora que refuerza esta asociación. Se ha dicho que nosotros recordamos:

20% de lo que leemos

30% de los que escuchamos

50% de lo que decimos

90% de los que vemos, escuchamos, decimos y hacemos

Así que si logramos combinar varias actividades que refuercen la información que deseamos memorizar, las posibilidades de recordarla aumentarán dramáticamente.

Para recordar el nombre de una persona que acabas de conocer, trata de hacer uso de su nombre varias veces inmediatamente. Pregúntale cómo lo deletrea porque la repetición ayuda a archivar la nueva información de tal forma que pueda ser recordada mucho después.

3. Asignarle importancia a la información recibida. Como veremos más adelante, el cerebro tiende a recordar más fácilmente la información que percibe como importante y significativa. Así que cuando recibas cierta información déjale saber a tu mente lo importante que es y lo valioso que será poder recodarla con facilidad, más adelante.

4. Siempre que desees memorizar cierta información dale a tu mente la orden de hacerlo y espera recordarla con facilidad. Trabaja siempre bajo la premisa de que posees una excelente memoria y que podrás recordar dicha información con facilidad. Visualízate recordando esta información justo cuando la necesitas. Muchas personas, inadvertidamente,

programan su mente para tener mala memoria. Lo hacen usando despreocupadamente expresiones como "yo tengo muy mala memoria", "soy pésimo para recordar nombres" o "siempre olvido los números telefónicos".

Este tipo de diálogo interno programa nuestra mente para olvidar. Así que, al momento de asignarle importancia a la información que deseas recordar, asígnale también importancia al hecho de poder recordarla. El contexto es muy importante para la recuperación de los recuerdos. Hay recuerdos que son más fáciles de evocar cuando nos encontramos en el contexto original donde fueron adquiridos. Los recuerdos de algún lugar donde pasamos nuestras vacaciones en la infancia, nos vienen a la mente mucho más claros cuando volvemos ahí y vemos, oímos y sentimos aquel sitio. Este es un claro ejemplo de memoria asociativa.

Una aplicación de esta estrategia puede ocurrir cuando extraviamos algún objeto u olvidamos cierta información específica como el nombre de una persona. Lo que debemos hacer es recrear el contexto donde dicho evento se originó. En el caso del objeto extraviado, podemos repasar mentalmente lo que hicimos y los lugares en donde estuvimos en el momento aproximado cuando lo perdimos. Si no podemos recordar el nombre de una persona, tratemos de acordarnos de qué es lo que hace, dónde la conocimos o de cualquier otra información que clarifique su imagen en nuestra mente. Muchas veces, al crear un entorno aproximado al original, recuperamos la información olvidada.

Todas estas estrategias pueden utilizarse para mejorar nuestra memoria. Otras técnicas, conocidas como reglas mnemotécnicas pueden expandir aún más nuestra capacidad para memorizar y recordar información.

La mnemotecnia es, simplemente, un proceso para asociar palabras, ideas e imágenes en la mente. Se basa en que toda nueva información quedará registrada en la mente de manera permanente si logramos asociarla con imágenes vívidas, interesantes o inusuales. Esta asociación es una manera de etiquetar o clasificar aquella información que necesitemos recordar más tarde.

La idea es que si encontramos mejores formas de codificar información antes de archivarla en nuestra mente, será mucho más fácil recordarla.

1. Una de estas técnicas consiste en formar siglas o acrónimos, combinando la primera letra de una serie de palabras que deseamos recordar. Las primeras letras de los cinco grandes lagos que se encuentran entre Canadá y Estados Unidos, forman la palabra HOMES (Hurón, Ontario, Michigan, Erie y Superior). Es indudable que es mucho más fácil recordar esta palabra que los cinco nombres por separado.

2. También podemos utilizar acrósticos que cumplan esta función. Será mucho más fácil recordar los nombres y la posición relativa al sol de los nueve planetas si recordamos la siguiente frase: Mi Vecino Teodoro Mastica Jamón Serrano, Uvas, Nabos y Pimientos. La primera letra de cada palabra corresponde a la primera letra de cada planeta. (Mercurio, Venus, Tierra, Marte, Júpiter, Saturno, Urano, Neptuno y Plutón).

3. Puesto que el elemento dominante en el lenguaje del cerebro es la imagen visual, una estrategia muy efectiva consiste en asociar la información que deseamos memorizar con palabras e imágenes sencillas de recordar que ya se encuentran archivadas en nuestro subconsciente. Es mucho más fácil recordar palabras que representan objetos específicos que aquellas que simbolizan ideas abstractas o nombres de personas.

Una aplicación de esta mnemotécnica es el uso de las palabras-gancho para recordar largas listas de objetos o nombres. Para esto, se utilizan palabras familiares que funcionan como ganchos de los que se cuelga la información que se desea recordar. Generalmente, se buscan palabras que rimen con el objeto o nombre que se quiere recodar o palabras que nos permitan dibujar imágenes donde estén involucrados dichos objetos. Si deseo recordar el nombre Raúl, puedo pensar en la palabra baúl y crear la imagen de Raúl saliendo de un baúl gritando: ¡sorpresa!

Cuando necesitamos recordar listas de nombres, objetos o ideas en cierto orden podemos buscar palabras-gancho que rimen con el número que representa el orden en que deben ser recordadas. Por ejemplo uno = luna, cuatro = gato. Posteriormente, de cada una de estas palabras colgamos las imágenes mentales que combinan la palabra-gancho con el objeto o idea que debe ser recordado. Cuando quiera recordar cada objeto o idea, menciona el número y la palabra-gancho que rima, este saltará al instante trayendo con ella la información que querías recordar. Tú puedes seleccionar tu propio grupo de palabras o puedes utilizar el siguiente:

Uno - Luna

Dos - Voz

Tres - Té

Cuatro - Gato

Cinco - Brinco

Seis - Sed

Siete - Cohete

Ocho - Bizcocho

Nueve - Nieve

Diez - Pies

Hace poco, fui invitado a un programa de televisión donde expuse cinco ideas para lograr que nuestros propósitos de año nuevo se hicieran realidad. Estas debían ser presentadas en el siguiente orden:

1. Escriba sus propósitos en una libreta.

2. Empiece a trabajar en ellos hoy mismo.

3. Mantenga un balance en sus metas, asegurándose de que estas respondan a todas las áreas de su vida.

4. Ármese de paciencia y perseverancia.

5. Recuerde que son sus metas. Así que no se preocupe por lo que los demás piensen.

Así que armé la siguiente secuencia de imágenes mentales:

**Uno** – Luna (libreta) = Imagen de una libreta colgando de una luna creciente.

**Dos** – Voz (persona apresurada) = Imagen de una persona apresurada gritando en voz alta: "tengo que empezar esto hoy mismo".

**Tres** – Té (balanza) = Imagen de una taza de té desbordándose en uno de los platos de una balanza que se encuentra totalmente inclinada hacia el lado donde está la taza.

**Cuatro** – Gato (gato perseverante) = Imagen de un gato corriendo, cayendo y levantándose de nuevo, volviendo a caer y volviendo a levantarse, una y otra vez, diciendo: "hay que perseverar y no darse por vencido".

**Cinco** – Brinco (niña riendo) = Imagen de una niña contándole sus metas a un amigo. Cuando este se burla, ella se va brincando, riendo y diciendo, "no me importa lo que pienses, ja ja ja..."

Las palabras entre paréntesis las escogí para representar cada idea. Así que cuando dije: "Los cinco puntos son: ¡uno!" Instantáneamente vi la imagen de la luna (palabra-gancho para el número uno). En ella venía colgada la libreta que me recordó que el primer punto era: escriba sus propósitos en una libreta. ¿Ves lo simple que puede ser?

4. Para recordar números de varias cifras podemos dividirlo en grupos más pequeños y asociar cada subgrupo con una imagen mental. Seguramente que le sería difícil recordar el número 652719703915638. ¡Inténtalo!

Ahora, qué tal si lo divides en varios grupos: 65 (la edad de mi padre, aunque no sea la real), 27 (la edad de mi hermano), 1970 (fecha en que ingresé a la universidad), 39 (talla de mi camisa), 156 (número de la dirección de una casa) y 38 (talla de los zapatos que uso). Ahora en tu mente organiza las siguiente imágenes:

Foto de tu papá + foto de tu hermano + libros (una imagen asociada con una universidad) + imagen de una camisa + puerta de una casa con el número 156 en ella + imagen de un par de zapatos = 652719703915638.

5. Uno de los sistemas de memorización más antiguos se remonta al siglo VI a.C. Este sistema se conoce como el sistema Loci o de las posiciones. Consiste en colocar mentalmente las ideas u objetos por recordar en un lugar conocido que podamos imaginar con facilidad. Lo único que debemos hacer es seleccionar una serie de lugares específicos que utilizaremos una y otra vez para fijar nombres y datos en la memoria. Es importante que estos lugares sean conocidos y estén en algún tipo de orden.

Por ejemplo, en mi oficina, girando hacia la derecha, se encuentra la puerta, una planta, la computadora, el teléfono, el telescopio, la biblioteca y el escritorio. Así tengo siete lugares que puedo visualizar fácilmente en un orden que tiene sentido para mí. Ahora, todo lo que tengo que hacer es crear imágenes visuales que incorporen los objetos o ideas que deseo recordar con estos lugares específicos en mi oficina.

Estas son sólo algunas de las ayudas mnemotécnicas que nos pueden permitir memorizar información mucho mejor y recordarla más rápidamente. Ponlas en práctica y verás cómo comienzas a desarrollar tu capacidad en este aspecto.

Quiero terminar esta sección enfatizando que, aunque la mayoría de las personas sospechan que tienen mala memoria, lo cierto es que olvidar es parte del proceso de la memoria que evalúa y guarda o descarta información. Se han documentado casos de personas incapaces de olvidar, que recuerdan casi cualquier dato o acontecimiento con sólo experimentarlo una vez. Curiosamente, estos casos de memoria prodigiosa suelen ser una tragedia para quien los padece. Recuerda que olvidar es necesario para que nuestra mente evolucione.

Es más, después de evaluar cómo podemos dedicarnos a la tarea de aprender todo aquello que necesitamos para triunfar en la vida, he llegado a la conclusión de que un paso muy importante es desaprender y olvidar hábitos que no nos permiten triunfar. Como ves, hay momentos cuando una mala memoria puede ser de gran ayuda. Recientemente, me encontraba concediendo una entrevista a uno de los diarios más importantes de la ciudad de Houston, en el estado de Texas, y la periodista me preguntó: "¿cuáles han sido los momentos más difíciles por los que ha atravesado en su camino hacia el éxito?"

Le respondí: "la verdad, no recuerdo, supongo que hubo muchos, pero lo cierto es que puedo recordar con mayor facilidad los triunfos y los momentos felices que los tragos amargos". Tristemente, muchas personas suelen hacer lo contrario, se aseguran de no olvidar los peores momentos de su vida. Los reviven de manera constante en su mente. Los recuerdan una y otra vez y, a consecuencia de ello, cargan con traumas, fobias y angustias durante toda su vida.

No ignores el papel tan importante que juega la memoria en tu camino al éxito. Busca aplicar los procesos que presentamos en este capítulo, para aprender e interiorizar los principios de éxito que te ayudarán a triunfar.

## Mensaje # 14:

Un paso muy importante para vivir una vida plena y feliz consiste en desaprender y olvidar hábitos, caídas y falsas creencias que nos impiden alcanzar el éxito. Hay ocasiones cuando una mala memoria puede ser de gran ayuda. Tristemente, muchas personas suelen hacer lo contrario, se aseguran de no olvidar los peores momentos de su vida; los reviven de manera constante; los recuerdan una y otra vez y, a consecuencia de ello, cargan con traumas, fobias y angustias durante toda su vida.

# INTELIGENCIA: EL ARTE DE PENSAR CON TODO EL CEREBRO

No sé qué pueda pensar el mundo de mí
y de lo que he podido hacer. Pero yo siento
que he sido como un niño que juega en
la playa y se admira de haber
encontrado una hermosa roca mientras
frente a él se encuentra el vasto océano
de la verdad esperando aún ser descubierto.

—Sir Isaac Newton

La inteligencia se define como la capacidad general de plantear y resolver problemas, de comprender y aprender. Este concepto encierra muchas de las funciones que tienen como objeto la búsqueda del conocimiento; funciones como la memoria, la asociación, la imaginación, el entendimiento y la razón. Es posible que esta definición sea un tanto limitada, ya que, como veremos en este capítulo, es difícil definir qué es lo que queremos expresar cuando decimos que alguien es inteligente.

Todos reconocemos a Albert Einstein, Thomas Alva Edison, Marie Curie o Leonardo da Vinci como personas dotadas de una inteligencia y poder mental extraordinarios. Sin embargo, todos nacimos con aproximadamente los mismos cien billones de neuronas de todas estas mentes brillantes. No obstante, tomarlos a ellos y a sus descubrimientos científicos como único punto de referencia para definir la inteligencia sería un error. Nadie dudaría que personas como Pelé, John Lennon o Serena Williams, también han exhibido una inteligencia fuera de lo común que les ha permitido sobresalir en sus respectivas profesiones.

Si comparamos al ganador del premio Nóbel de medicina con un joven indígena de una tribu amazónica, podemos creer

que el primero es obviamente más inteligente que el segundo
y que podría enseñarle una o dos cosas. Sin embargo, si colo-
camos a los dos en medio de la selva amazónica, sin nada más
que lo que llevan puesto, ¿quién crees que estaría en posición
de enseñarle a quien? ¿Quién crees que tendría mejor opción
de conseguir comida, evitar los peligros, encontrar el camino
y sobrevivir? Entonces, ¿qué es lo que queremos decir cuando
afirmamos que alguien es inteligente? ¿Hablamos de una persona
que dispone de múltiples recursos para enfrentar los problemas,
que ha acumulado una enorme cantidad de conocimientos sobre
algún tema o que es capaz de captar con rapidez la esencia de
un problema?

Por casi un siglo, en el terreno educativo se ha utilizado el
coeficiente de inteligencia (CI) –Intelligence Quotient (IQ)–
para medir el nivel de inteligencia de un individuo. La pun-
tuación se calcula como una proporción de la edad mental del
individuo con respecto a la edad cronológica, multiplicada por
cien. Para tal efecto, la edad mental se calcula mediante pruebas
estandarizadas que miden habilidades matemáticas, espaciales
y lingüísticas.

En años recientes, un gran número de científicos y educado-
res han señalado que estas pruebas distan de ser la mejor forma
de calcular la inteligencia de un individuo, ya que no miden
áreas tan importantes como la creatividad, la innovación o las
habilidades prácticas. De hecho, el cociente de inteligencia no es
un buen parámetro para predecir si seremos felices o tendremos
éxito personal, familiar o financiero. Muchas personas que han
sido estudiantes excepcionales se convirtieron en profesionales
mediocres. Muchos de ellos, con ci de 150 terminan trabajando

para personas con ci de 100. Así que es indudable que debemos desarrollar una visión más amplia en lo que respecta a la inteligencia, el poder mental y nuestra capacidad para aprender.

## APRENDIENDO A PENSAR DE MANERA CREATIVA

La creatividad puede ser un camino para incrementar nuestra realización personal en todos los aspectos de la vida. Y aunque no hace mucho sólo se hablaba de ella en el marco del ámbito artístico, lo cierto es que las economías globales del nuevo milenio han aprendido a valorar mucho más habilidades como la innovación, la capacidad de reinventarse y transformarse, la imaginación y otras destrezas creativas. Las nuevas tecnologías, los increíbles descubrimientos y el espíritu emprendedor que han caracterizado las últimas décadas han sido el resultado del pensamiento creativo.

Sir Ernest Rutherford, presidente de la Sociedad Real Británica y premio Nóbel de química, contaba una anécdota que es un gran ejemplo del espíritu creativo que engendra éxito. La historia cuenta que, en cierta ocasión, recibió la llamada de un colega que estaba a punto de ponerle cero a un estudiante debido a la respuesta que había dado al resolver un problema de física, a pesar de que admitía que su respuesta era correcta.

La pregunta del examen era: demuestre cómo es posible determinar la altura de un edificio con la ayuda de un barómetro.

Para quienes no tuvieron la suerte de estudiar física, o no conocen la teoría en cuestión, quiero recordarles que el barómetro es un instrumento parecido al termómetro, utilizado para medir la presión atmosférica. La teoría dice, simplemente, que la diferencia de presión marcada por un barómetro en dos lugares diferentes nos proporciona la diferencia de altura entre ambos lugares. De manera que la respuesta obvia era medir la presión en el primer piso del edificio y luego medirla en la azotea, para así determinar la altura del edificio.

Sin embargo, el estudiante había respondido: "llevo el barómetro a la azotea y le ato una cuerda muy larga. Lo descuelgo hasta la base del edificio, marco y mido. La longitud de la cuerda es igual a la altura del edificio".

Realmente, el estudiante había planteado un serio problema al resolver el ejercicio, porque había respondido a la pregunta correcta y completamente. No obstante, esta respuesta no demostraba su dominio de los conceptos teóricos que el maestro quería evaluar. Sir Ernest Rutherford sugirió que se le diera al alumno otra oportunidad. Se le concedieron seis minutos para que respondiera la misma pregunta, pero esta vez con la advertencia de que, en la respuesta, debía demostrar sus conocimientos de física.

Rutherford relata: "habían pasado cinco minutos y el estudiante no había escrito nada. Le pregunté si no sabía la respuesta, pero me contestó que tenía muchas respuestas al problema. Su dificultad era elegir la mejor de todas".

En el minuto que le quedaba escribió la siguiente respuesta: "tomo el barómetro y lo lanzo al suelo desde la azotea del edificio, calculo el tiempo de caída (t) con un cronómetro. Después utilizo el tiempo de caída y la constante de aceleración para calcular la altura del edificio".

El maestro no tuvo otra opción que darle la nota más alta a pesar de que esta respuesta tampoco ilustraba la teoría en cuestión. Al salir de la sala de clase, Rutherford le preguntó al joven qué otras respuestas tenía. Bueno, respondió, hay muchas maneras, por ejemplo, tomas el barómetro en un día soleado, mides su altura y la longitud de su sombra. Si medimos a continuación la longitud de la sombra del edificio y aplicamos una simple proporción, obtendremos también la altura del edificio.

También puedes tomar el barómetro y marcar en la pared su altura una y otra vez hasta que llegues a la azotea. Al final multiplicas la altura del barómetro por el número de marcas que hiciste y ya tienes la altura del edificio. Por supuesto, si lo que quiere es un procedimiento más sofisticado, puede atar el barómetro a una cuerda y moverlo como si fuera un péndulo. Si calculamos que cuando el barómetro está a la altura de la azotea la gravedad es cero y si tenemos en cuenta la medida de la aceleración de la gravedad al descender el barómetro en trayectoria circular al pasar por la perpendicular del edificio, de la diferencia de estos valores, y aplicando una sencilla fórmula trigonométrica, podríamos calcular, sin duda, la altura del edificio.

En fin, concluyó, existen muchas formas más de hacerlo. Probablemente, la mejor sea tomar el barómetro y golpear con este la puerta de la casa del portero del edificio y cuando abra, decirle: "Señor portero, aquí tengo un bonito barómetro. Si usted me dice la altura de este edificio, se lo regalo".

En este momento de la conversación, cuenta Rutherford, le pregunté si no conocía la respuesta convencional al problema, que consistía en medir la presión atmosférica en el punto más bajo del edificio, luego en el más alto, y calcular su altura de esta manera. Evidentemente, el estudiante afirmó que la conocía pero que, durante sus estudios, sus profesores habían querido enseñarle a pensar creativamente y eso era lo que él quería hacer.

El estudiante se llamaba Niels Bohr, quien no sólo llegó a convertirse en físico, sino que obtuvo el premio Nóbel de física en 1922 y es más conocido por que fue el primero que propuso un modelo atómico compuesto por un núcleo con protones y neutrones, y los electrones que lo rodean. Además, fue uno de los pioneros de la teoría cuántica. Aprender a pensar creativamente y entender que puede haber cientos de soluciones para un mismo problema es una gran muestra de un desarrollado nivel de inteligencia.

Pero la creatividad es algo que todos podemos desarrollar. La expandimos cuando nos atrevemos a innovar y a ser originales; cuando asumimos riesgos y tratamos nuevas opciones; cuando agregamos el toque personal a lo que hacemos, evitando seguir los mismos caminos trillados de siempre. También podemos hacer que nuestros hijos desarrollen esta facultad al permitirles que exploren, que cometan errores, que hagan las cosas a su manera, en lugar de imponerles parámetros rígidos que limitan su verdadero potencial creativo. Tristemente muchas escuelas aún catalogan la creatividad en todas sus expresiones como indisciplina o incapacidad para seguir directrices.

En su libro Aprendizaje acelerado para el siglo xxi, Colin Rose y Malcolm J. Nicholl señalan que una encuesta mostró que más de 82% de los niños que entraban a la escuela entre los cinco y los seis años de edad tenía una gran confianza en su habilidad para aprender. Sin embargo, a los 16 años el porcentaje que aún mostraba esta confianza en sus propias habilidades se había reducido a 18%. Es inconcebible que durante nuestros años de formación escolar, cuando deberíamos desarrollar nuestro potencial al máximo, adquiramos tantas limitaciones y falsas creencias acerca de nuestras propias habilidades.

### MENSAJE # 15:

Más de 80% de los niños que entran a la escuela entre los cinco y los seis años de edad manifiesta una gran confianza en su habilidad para aprender. Sin embargo, a los 16 años el porcentaje que aún mostraba esta confianza en sus propias habilidades se ha reducido a 18%. Es inconcebible que durante nuestros años de formación escolar, cuando deberíamos desarrollar nuestro potencial al máximo, generemos, en cambio, tantas limitaciones y falsas creencias acerca de nuestras propias habilidades.

## EL CEREBRO TOTAL:
## LA TEORÍA DE LAS INTELIGENCIAS MÚLTIPLES

Aunque parezca increíble, algunos científicos estiman que 90% de lo que conocemos acerca de las capacidades del cerebro y la mente, lo hemos descubierto en los últimos 25 años. Y una de las más importantes contribuciones fue hecha por el doctor Howard Gardner, sicólogo de la universidad de Harvard, quien a principios de los años ochenta introdujo el concepto de las inteligencias múltiples en su libro Frames of Mind.

De acuerdo con Gardner, la medición del nivel de inteligencia mediante el coeficiente de inteligencia, tenía muchas limitaciones, de manera que él planteó que los seres humanos poseemos en realidad múltiples inteligencias, y que la mayor limitación del sistema convencional era que conducía naturalmente a la interrogante: "¿es esta persona inteligente?", mientras que su teoría ofrecía una visión pluralista que inspiraba las preguntas: "¿de qué maneras es esta persona inteligente?", o ¿cómo manifiesta esta persona su inteligencia?

Gardner identificó siete categorías principales, en cuanto a la expresión de la inteligencia en los seres humanos:

1. **Inteligencia lógico-matemática:** La habilidad para solucionar problemas de manera sistemática mediante la observación y el razonamiento. Ejemplos de este tipo de inteligencia son: Albert Einstein, Stephen Hawking y Marie Curie.

2. **Inteligencia lingüística:** habilidad en el uso del lenguaje, en la lectura, la escritura o la comunicación verbal. Algunos ejemplos de personas con una gran inteligencia lingüística son: Gabriel García Márquez, Winston Churchill, Cicerón y Gabriela Mistral.

3. **Inteligencia visual-espacial:** habilidad para percibir las relaciones entre objetos en el espacio, visualizar y crear imágenes mentales. Esta inteligencia está muy desarrollada en pintores, escultores y arquitectos. Algunos ejemplos incluyen a Miguel Ángel, Fernando Botero, Pablo Picasso y Gustavo Eiffel.

4. **Inteligencia físico-kinestética:** habilidad para realizar actividades y movimientos físicos con precisión. No sólo poseen gran destreza con su cuerpo, sino que tienen una mayor facilidad en interpretar sus sentimientos y las señales

de su cuerpo. Esta categoría incluye tanto a atletas, como a bailarines y cirujanos. Algunos ejemplos son Pelé, Michael Jordan y Mary Lou Reton.

5. **Inteligencia musical:** habilidad para apreciar ritmos y melodías, componer música, cantar o tocar un instrumento musical. Es un talento compartido por músicos, compositores y cantantes. Algunos ejemplos de personas que han desarrollado su inteligencia musical son Wolfgang Amadeus Mozart, John Lennon y Plácido Domingo.

6. **Inteligencia interpersonal:** habilidad para trabajar e interactuar con otras personas, comprender sus emociones y estados de ánimo. Es una inteligencia exhibida por maestros, terapeutas, líderes religiosos y políticos. Algunos ejemplos son Billy Graham, la Madre Teresa y Simón Bolívar.

7. **Inteligencia intrapersonal:** capacidad de auto análisis y entendimiento de los propios sentimientos y emociones mediante la reflexión. Las personas que han desarrollado esta inteligencia suelen ser muy efectivas en aprender de sus propias experiencias, evaluar sus necesidades y planear sus metas y objetivos. Algunos ejemplos de este tipo de inteligencia son Sócrates, Viktor Frankl y el Dalai Lama.

Como es de esperarse, todos poseemos no una sino varias o quizás todas estas inteligencias. Las investigaciones apuntan al hecho de que todos tenemos más talentos, habilidades y destrezas de las que cotidianamente exhibimos. Lo único que debemos hacer es creer que los poseemos, actuar sabiendo que contamos con ellos y preocuparnos por su desarrollo continuo. Sólo así podremos despertar al genio que se encuentra dentro de cada uno de nosotros.

La historia de Leonardo da Vinci es un ejemplo de lo que puede suceder cuando nos atrevemos a desarrollar nuestros poderes innatos. Da Vinci se destacó como pintor, escultor y arquitecto, pero también realizó grandes contribuciones a la ingeniería, la ciencia, la música y en otros campos. Sin duda, el suyo es un ejemplo de la persona que ha sabido desarrollar sus múltiples inteligencias.

Desde muy temprana edad, Leonardo mostró extraordinario talento y habilidad para las matemáticas y la música; aprendió a tocar la lira y a cantar. A menudo era posible encontrarlo dibujando plantas y animales. Con frecuencia sus profesores se exasperaban con las continuas preguntas y dudas del joven Leonardo. Cultivó su genialidad buscando siempre aprender y explorar cosas nuevas una vez que había dominado alguna habilidad. Dominó la pintura y prosiguió con la anatomía, luego con la construcción de puentes, el vuelo, las máquinas de guerra, la geología y la filosofía. Parecía que todo le interesaba. Siempre llevó consigo cuadernos donde describía ideas, hacía dibujos y detallaba nuevos inventos.

Se necesitaría todo un libro para describir cada uno de los descubrimientos y creaciones de este hombre. Sin embargo, vale la pena mencionar algunos de los más notables. Como pintor, sus dos obras más conocidas son la Mona Lisa y La última cena. Muchos científicos han sugerido que si Leonardo hubiese publicado sus teorías y planteamientos científicos habría tenido una enorme influencia en el desarrollo de varias ciencias. De hecho, Da Vinci se anticipó 200 años a Newton en proponer la teoría de la gravitación, al afirmar que: "todo cuerpo tiende a caer hacia el centro de la tierra por la distancia más corta". 60 años antes que Galileo inventara el teles-copio, Leonardo sugirió que la luna y otros cuerpos celestes podrían ser estudiados utilizando grandes lentes que magnificaran su tamaño. Fue pionero en el estudio de las ciencias botánicas, geológicas y físicas.

Como inventor, realizó diseños para construir el aeroplano, el helicóptero, el paracaídas, la bicicleta y muchos otros inventos que buscaban incrementar la productividad y automatizar muchas funciones rutinarias. Como ingeniero militar hizo los planos para la construcción del tanque de guerra y el submarino. De acuerdo con sus escritos, "muchos de estos instrumentos fueron diseñados con el propósito de preservar el más preciado regalo de la naturaleza, la libertad". 40 años antes que Nicolás Copérnico propusiera que el sol no se movía alrededor de la tierra, Leonardo había escrito con grandes letras en su cuaderno de observaciones: "il sole no si move" −el sol no se mueve−, y agregó: "la tierra no es el centro de la Vía Láctea".

Este es parte del legado de un individuo cuya genialidad fue el resultado de su profundo interés por aprender y encontrar respuestas a todas sus inquietudes.

Sin embargo, todos y cada uno de nosotros tenemos la misma oportunidad de desarrollar nuestras múltiples inteligencias. Muchos ni siquiera lo intentamos porque no creemos contar con ellas. Quizá no todos hagamos contribuciones como las realizadas por Leonardo da Vinci, pero la gran mayoría sólo utiliza una pequeña fracción de su capacidad mental y cerebral, y no porque no posea la inteligencia para hacerlo sino porque no ha aprendido cómo liberar este potencial que se encuentra en su interior y que sólo espera ser utilizado para ayudarnos a alcanzar nuestras metas más ambiciosas.

## El aprendizaje acelerado

Desde mis años de estudiante en la universidad, siempre me intrigó la idea de aprender de la manera más rápida posible. La razón era muy sencilla: trabajaba un promedio de diez horas diarias para poder sostenerme y pagar mis estudios, tomaba más clases de las que debía para mantener bajos los costos de mi educación y porque estudiaba en una lengua que no era mi idioma natal. Así que mi interés en el aprendizaje acelerado era más cuestión de necesidad que otra cosa. De manera que, cuando comencé a compartir mis conocimientos con otras personas a través de mis audio libros, talleres y conferencias, me fue fácil incorporar los elementos de lo que hoy es conocido como el aprendizaje acelerado.

## Mensaje # 16:

Todos tenemos la misma oportunidad de desarrollar nuestras múltiples inteligencias. Muchos ni siquiera lo intentamos porque no creemos contar con ellas. La gran mayoría sólo utiliza una pequeña fracción de su capacidad mental y cerebral, no porque no posea la inteligencia para hacerlo sino porque no ha aprendido cómo liberar este potencial que se encuentra en su interior; potencial que sólo espera ser utilizado para ayudarnos a alcanzar nuestras metas más ambiciosas.

Una y otra vez he repetido que todos poseemos enormes habilidades en nuestro interior. Muchas personas, sin embargo, encuentran difícil utilizar estas habilidades. Durante mis años como profesor universitario observé a un gran número de estudiantes que infructuosamente trataba de memorizar todo tipo de información sin que sus esfuerzos dieran los resultados que esperaban. Otros lograban recordar dicha información el tiempo suficiente como para pasar sus exámenes tan sólo para olvidarla al final del semestre. Otros más, desarrollaron tal apatía por el estudio monótono y repetitivo de conocimientos que parecían no tener sentido, que optaron por retirarse de la universidad.

Sólo aquellos estudiantes que, de manera consciente o inconsciente, ponían en práctica los principios propuestos en las técnicas de aprendizaje acelerado lograron alcanzar sus objetivos con éxito.

El aprendizaje acelerado es un proceso que busca mejorar nuestra capacidad para aprender, respondiendo a nuestras preferencias individuales en cuanto a nuestro estilo de aprendizaje, a nuestras inteligencias dominantes y a nuestro modo de pensar o mapa mental preferido.

De acuerdo con varios investigadores, existen tres mapas mentales o modos de interpretar la información proveniente del mundo exterior. Las personas visuales ven el mundo, las auditivas lo oyen y las cinestésicas lo sienten. Los visuales prefieren ver las cosas. Ellos procesan el mundo exterior viéndolo; forman imágenes visuales con gran facilidad y, generalmente, favorecen el tipo de evaluación que involucra el sentido de la vista. Por su parte, la persona auditiva diseña sus respuestas basándose en lo que escucha más que en lo que ve. Ella puede aprender más cuando escucha que cuando lee sólo con la vista. Las personas que favorecen un mapa mental cinestésico actúan dejándose guiar por lo que sienten y por las sensaciones que experimentan. Las emociones son una parte muy importante al momento de tomar decisiones y, por supuesto, de su modo de aprender.

## Mensaje # 17:

El aprendizaje acelerado es un proceso que busca mejorar nuestra capacidad para aprender, respondiendo a nuestras preferencias individuales en cuanto a nuestro estilo de aprendizaje, a nuestras inteligencias dominantes y a nuestro modo de pensar o mapa mental preferido.

Así que después de ver siete inteligencias y tres mapas mentales, sería absurdo pretender que un mismo sistema de aprendizaje responda a las necesidades de cada individuo. No obstante, esa es la manera como se ha enseñado en muchas de nuestras escuelas y centros de educación, y es quizá la razón por la cual muchas personas nunca logran aprender todo lo que quisieran y no desarrollan su potencial intelectual al máximo.

A continuación quiero compartir seis pasos básicos que, de acuerdo con Brian Tracy y Colin Rose, logran crear la atmósfera indicada para aprender con facilidad. Independientemente de que lo que desees aprender sea la información para tu próximo examen, un nuevo idioma o los principios del éxito que te ayudarán a triunfar en la vida, estos pasos te permitirán aprender con mayor rapidez cualquier información.

1. **Desarrolla el estado mental óptimo para el aprendizaje.**
Georgi Lozanov, educador y sicólogo búlgaro, pionero de las
técnicas del aprendizaje acelerado, encontró que las personas
aprenden mucho mejor cuando están relajadas y confiadas
en sus capacidades, motivadas a aprender y entusiasmadas
por el hecho de hacerlo. Como ya vimos en el capítulo anterior, la presencia de estas emociones positivas facilitan el
aprendizaje de nueva información y aseguran que esta sea
archivada en nuestra memoria a largo plazo.

En este paso hay dos aspectos fundamentales que debemos
combatir: el aburrimiento y el estrés. Cuando llegué a dictar
mi primera clase en la universidad, encontré un grupo de
estudiantes con la mirada perdida, dispuestos a aprender sólo
lo necesario para pasar la materia, aburridos, caídos sobre
sus asientos, contando los minutos que faltaban para que
se terminara la clase. Inmediatamente comprendí que con
esta actitud iban a aprender muy poco, así que les pedí que
sacaran papel y lápiz e hicieran una lista de sus sueños, metas
y aspiraciones para el futuro. Mi objetivo era que se enfocaran
en el futuro que querían crear al venir a la universidad, que
se entusiasmaran con la posibilidad de realizar sus sueños,
que se motivaran con la idea de aprender, dar lo mejor de
sí y sentir que habían asimilado algo que les iba a ayudar a
triunfar en la vida.

La diferencia de actitud fue tal que, desde ese momento,
adopté como norma en mis talleres y seminarios crear un
estado mental óptimo para el aprendizaje, antes de compartir
cualquier idea. Esto ayuda a liberar la mente de las preocupaciones, las dudas y el estrés que pueda existir, a crear

una atmósfera de alegría y entusiasmo (para esto utilizo música y dinámicas), y a mantener una postura que diga "estoy feliz de estar aquí y estoy dispuesto a aprender".

2. Aprende toda nueva información utilizando tu mapa mental preferido. Lo cierto es que, a pesar de que todos favorecemos alguno de los modos mentales de interpretación del mundo, en mayor o menor grado todos utilizamos los tres: el visual, el auditivo y el cinestésico. El visual no deja de aprender cuando se trata de evaluar una pieza musical ni la persona cinestésica es incapaz de apreciar una imagen visual. Independientemente de cual sea tu estilo preferido, lo importante es asumir una actitud proactiva y dinámica hacia el aprendizaje. Se aprende muy poco si nos sentamos a escuchar pasivamente. Debemos estar involucrados con todos nuestros sentidos.

Recuerda que entre más información sensorial acompañe cualquier información, existe más posibilidad de que sea archivada en la memoria a largo plazo, de manera tal que recordarla sea más fácil.

Cuando me encuentro realizando una presentación frente a un grupo de diez, mil o diez mil personas, sé que hay una multitud de estilos de aprendizaje presentes en mi audiencia, así que siempre trato de utilizar palabras que dibujen imágenes que puedan apreciar las personas visuales. Busco acariciar los oídos de las personas auditivas con historias, metáforas y un variado juego de volúmenes y tonalidades de voz. Los cinestésicos encuentran fabulosos los ejercicios y la participación física que generalmente realizo en todas mis presentaciones. De esta manera tengo la plena seguridad que todas y cada una de las personas que se en-cuentran en la audiencia, captan la esencia del mensaje.

Así que este segundo punto establece que, al momento de aprender nueva información, debes escribirla y crear imágenes que te permitan visualizarla. Léela y repásala en voz alta para registrarla de manera auditiva. Yo acostumbro a repasar la información, actuándola como si ensayara para una obra de teatro. Esto me ayuda a interiorizar los componentes cinestésicos de dicha información. Recuerda dar prioridad al mapa mental dominante en tu mente y reforzar el aprendizaje utilizando las otras dos modalidades.

3. Profundiza en lo que estás aprendiendo, utilizando tus múltiples inteligencias. Como ya lo mencioné en un capítulo anterior, el hemisferio izquierdo del cerebro se utiliza más que todo para funciones verbales como la lectura, la escritura, la comunicación oral y el pensamiento analítico. Procesa la información de manera fraccionada, poco a poco y de manera secuencial. Las personas en quienes su hemisferio cerebral izquierdo es el dominante, favorecen sus inteligencias lógico-matemáticas y lingüísticas. De otro lado, el hemisferio derecho se ocupa de los conceptos artísticos, musicales y creativos, procesa las imágenes y los diseños visuales globales.

La idea es poder utilizar todo tu cerebro y tus múltiples inteligencias en el aprendizaje de nueva información. Pon en tus propias palabras lo que lees o escuchas. Escribe las ideas que estás aprendiendo en una lista. Numérala y analízala para encontrar los puntos clave. Utiliza gráficas y dibujos para observar de manera visual la información. Párate, camina, pon música de fondo, habla en voz alta, repasa la información como si estuvieras preparándote para una obra de teatro y esas fueran tus líneas. Comparte lo aprendido con otras personas como si fueses el profesor. Recuerda por qué estás buscando aprender dicha información y cómo te ayudará. Si realizas estas actividades harás uso de tus siete inteligencias y verás cómo el aprendizaje de cualquier cosa se hace mucho más fácil.

4. Consolida la información clave y utiliza las técnicas presentadas en el capítulo tres para memorizar ciertas ideas fundamentales que servirán de ganchos para recuperar el resto de la información aprendida de los archivos de tu memoria. Acuérdate que prestar atención agudiza la memoria. Si lo que buscas es aprender cierta información y archivarla en tu memoria a largo plazo, debes buscar asociar la mayor cantidad de estímulos visuales y auditivos con la nueva información. Así te será mucho más fácil recordarla. Utiliza las ayudas mnemotécnicas que te permitan memorizar información mucho mejor y recordarla más rápidamente. Puedes tomar las ideas clave identificadas en el paso anterior, utilizarlas para diseñar acrósticos o como palabras-gancho de las cuales cuelga la información que se desea recordar. Esto es mucho más fácil que tratar de memorizar páginas y páginas de información.

5. Examina qué tanto has aprendido. Uno de los primeros descubrimientos en mi carrera como profesor fue que nunca aprendes tanto como cuando le enseñas a otra persona. ¿Si

entiendes? Una cosa es aprender algo lo suficientemente bien como para saberla y otra es aprenderla lo suficientemente bien como para enseñarla. Así que el siguiente paso del aprendizaje acelerado es compartir el conocimiento adquirido con otras personas; practica lo que has aprendido, pídele a otros que te hagan preguntas al respecto y juega a ser un experto en dicha área. Uno de los puntos más importantes es practicar y usar lo aprendido lo más pronto posible. Todo esto afianzará mucho más la información en tu memoria. Y no sólo eso, sino que también se verán beneficiadas tu autoestima y tu autoconfianza.

Este es un buen momento para que practiques mentalmente tu éxito. Si estás estudiando para un examen, visualízate recordando lo aprendido y encontrando la respuesta a cada pregunta. Experimenta la alegría y la satisfacción de haber visto los frutos de tu esfuerzo. Celebra por anticipado y no permitas que la duda entre en tu mente.

6. Piensa y analiza cómo has aprendido. Una de las reflexiones más importantes de hacer, pero más ignoradas, es evaluar el proceso que nos condujo al éxito. Evaluar los pasos que diste para aprender, te permitirá depurar tu sistema cada vez más. Descubre qué funcionó y qué no, cuáles fueron tus puntos fuertes y cuáles tus debilidades. La única manera de mejorar tu método de aprendizaje y descubrir tu estilo preferido de estudio es evaluándolo una y otra vez. El resultado de esta evaluación será un método de aprendizaje cada vez más efectivo. Recuerda que lo que está en juego es el logro de tus objetivos con éxito y que aprendas de manera rápida todo aquello que te ayudará a lograr tus sueños.

Espero que durante este capítulo hayas afianzando la idea de que verdaderamente, dentro de ti se encuentra la semilla de grandeza necesaria para triunfar. Estoy absolutamente seguro que si te das la oportunidad de seguir las recomendaciones presentadas aquí, comenzarás a descubrir el genio que se encuentra en tu interior.

Las diferentes aptitudes mentales a las cuales nos hemos venido refiriendo hasta ahora juegan un papel determinante en la creación de los hábitos de éxito necesarios para triunfar y ser feliz. ¿Cómo ocurre esta programación? Tal y como descubrirás en los siguientes capítulos, programar dichos hábitos en nuestro subconsciente ocurre mediante el uso del dialogo interno en sus diferentes manifestaciones.

# EL ETERNO
# DIÁLOGO MENTAL

La ciencia debe ser, indudablemente,
parte de la naturaleza y de la realidad
misma. Fuera de las leyes físicas
y químicas presentadas en la teoría
cuántica, debemos considerar
la existencia de una naturaleza
muy distinta, hasta ahora poco
conocida para el ser humano.

—Niels Bohr

L a persona promedio habla consigo misma, ya sea mentalmente o en voz alta, un total de 14 horas diarias. ¿Te imaginas eso? Más de la mitad del día estás hablando contigo mismo. Virtualmente, durante cualquier actividad externa que realices, tu diálogo interno no se detiene. Este eterno diálogo mental entre tu consciente y tu subconsciente ocurre mientras conduces tu automóvil, cuando estás trabajando o descansando, comiendo, hablando, escuchando e, inclusive, durmiendo.

Siempre estás preguntándote que vas a hacer más tarde; estás analizando el resultado de algo que hiciste con anterioridad, revisando tus metas, juzgando y formándote opiniones de otras personas o criticando tu propio comportamiento.

Hablar con uno mismo, meditar, reflexionar, cavilar o cuestionarse, es una forma de programar y reprogramar nuestra mente, de afirmar nuestros valores, de establecer creencias o ideales acerca de diferentes situaciones o personas, o de formar opiniones acerca de nosotros mismos, de nuestro potencial o de nuestras debilidades. Pero, ¿cómo ocurre este eterno diálogo mental?

## La interacción entre el consciente y el subconsciente

La comunicación entre el consciente y el subconsciente involucra ciertos procesos que, en su conjunto, son los encargados de examinar la información que recibimos del mundo exterior, evaluar su significado y determi-nar qué importancia o prioridad tendrán en nuestra vida.

Varios estudios han demostrado que esta interacción entre tus dos mentes consta de cuatro etapas o procesos distintos que pueden ocurrir secuencial, paralela o individualmente. Estas fases son: percepción, asociación, evaluación y decisión.

El proceso de percepción involucra la selección de todo aquello que sucede a nuestro alrededor y de lo cual somos conscientes; es esa pequeña parte que logramos percibir conscientemente de la gran cantidad de estímulos que constantemente bombardean nuestros sentidos. Nuestros ojos perciben todo lo que vemos, nuestros oídos todo lo que escuchamos, nuestro olfato todo lo que olemos, nuestra lengua todo lo que saboreamos y nuestra piel todo lo que sentimos.

Los neurólogos señalan que más de dos millones de estímulos y señales diferentes llegan a nuestro cerebro cada segundo. Obviamente, nosotros no captamos toda esta información con la mente consciente. Si así fuera, la información rebosaría rápidamente su capacidad.

Nuestro cerebro cuenta con un filtro sensorial del que hablaremos más adelante, conocido como formación reticular, que nos señala cuál información de nuestro medio ambiente es importante y filtra aquellos estímulos que no considera necesarios. Por ejemplo, una vez que hemos aprendido a caminar, realizamos esta actividad de manera subconsciente, a pesar de que, al hacerla, llega a nuestro cerebro información proveniente de los ojos, los pies y los músculos. Sin embargo, nosotros no analizamos conscientemente cada trozo de información sino que caminamos de manera automática.

Nuestra formación reticular sólo nos alerta sobre la información importante, como un resbalón o una señal de tráfico que nos indica que debemos detenernos. Siempre y cuando nada fuera de lo ordinario suceda, nosotros no somos conscientes de todas las actividades que conlleva caminar. En otras palabras, percibimos selectivamente aquella información de nuestro medio ambiente de la cual necesitamos estar alertas primero, para garantizar la supervivencia y, segundo, para alcanzar con antelación algún objetivo programado en nuestro subconsciente.

En este momento tú lees este libro; sin embargo, al mismo tiempo pueden estar llegando a tu mente cientos de miles de estímulos a manera de ruidos, olores, sonidos, cambios de temperatura; es posible que sientas hambre o sed, o que estés pensando en si debes ir al baño o no. Toda esta información puede estar siendo registrada por tu mente consciente de una manera muy superficial. Sin embargo, si percibes olor a gas o a gasolina, o de algo que se está quemando, inmediatamente reaccionas porque sabes que estos olores pueden representar un peligro físico para ti. Desde pequeño has recibido este condicionamiento, así que de todos los olores que puedan llegar a tu mente, seleccionas aquellos que previamente has asociado con peligro.

¿Te diste cuenta cómo al leer las descripciones del párrafo anterior, por unos instantes agudizaste tus sentidos y fuiste consciente de los ruidos u olores a tu alrededor? Es posible que hasta decidieras ir al baño o a beber un refresco, porque de repente sentiste sed.

El segundo proceso que involucra una interacción entre el consciente y el subconsciente es el proceso de asociación. Nuestros cinco sentidos reciben constantemente información del medio ambiente. La mente subconsciente automáticamente graba y asocia esta nueva información con la que ya está presente en nuestra memoria o banco de datos. Este proceso de asociación ocurre sin que nosotros seamos conscientes de ello.

Todo aquello que percibimos se asocia con información ya existente y con emociones guardadas en los archivos de nuestro subconsciente. Los estímulos provenientes del medio ambiente, externos o internos, sólo tienen significado si ya poseemos alguna información guardada en nuestro subconsciente con la que podamos relacionar o asociar la nueva información.

### Mensaje # 18:

Todo aquello que percibimos se asocia con información ya existente y con emociones guardadas en los archivos de nuestro subconsciente. Los estímulos provenientes del medio ambiente, externos o internos, sólo tienen significado si ya poseemos alguna información guardada en nuestro subconsciente con la que podamos relacionar o asociar la nueva información.

El proceso de asociación ocurre casi que exclusivamente en la mente subconsciente. Si escuchamos un sonido, ella se pregunta si ya lo has escuchado antes. Lo mismo ocurre ante un nuevo olor, sabor, etcétera.

Si sentimos un dolor fuerte en el pecho nos preguntamos: ¿He sentido este dolor antes? ¿Qué sé acerca de los dolores en el pecho? ¿Sé cómo se sienten el dolor de pecho relacionado con los ataques cardiacos? ¿Es este uno de ellos? Y todo lo que ocurre, en cualquiera de estos casos, es que nuestro subconsciente busca asociar la nueva información con otra, con conocimientos o creencias ya almacenados en nuestra memoria. Entre más información, experiencias o conocimiento tengamos guardados en los archivos de nuestra mente subconsciente en relación con determinado estímulo exterior, su percepción será mucho más fácil y significativa.

De otro lado, si no hay ningún tipo de información en nuestra memoria respecto a determinado evento, no podremos tomar una decisión racional. Por ejemplo, si le regalo un billete de cien dólares a mi hijo de seis meses, es posible que juegue con él, se lo lleve a la boca y lo rompa en pedazos o que, simplemente, lo deje a un lado y lo ignore. Seguramente, un adulto no haría esto, ya que sus experiencias y percepciones respecto al dinero son muy distintas. La mente de mi hijo no puede realizar este tipo de asociación porque no ha tenido experiencias previas que le permitan entender cuál es el valor intrínseco del dinero.

De ahí la gran importancia que posee alimentar nuestra mente subconsciente con valores y creencias que nos permitan tomar decisiones correctas. Es posible tener dos personas distintas frente a la misma situación, y si sus experiencias previas son diferentes también lo serán las asociaciones que hagan.

Imagínate que Carlos y Felipe van caminado por el bosque en un viaje de exploración. Juntos perciben, a través del sentido de la vista, la aproximación de una serpiente. Los dos inmediatamente comienzan el proceso de asociar este nuevo estímulo con información que ya reposa en sus mentes. El siguiente paso del ciclo consiste en que ellos evalúan la nueva situación, comparándola con las creencias, sentimientos e ideas que tanto el uno como el otro han programado en su subconsciente acerca de las serpientes.

Es posible que, como resultado de dicha evaluación, Carlos opte por huir lo más rápido posible de aquel lugar mientras que Felipe decida tratar de atraparla para tenerla como mascota. Su reacción dependerá exclusivamente de la información que ya se encuentre en el subconsciente de cada uno de ellos.

El tercer proceso mental utilizado para determinar la importancia y relevancia de los estímulos provenientes del mundo exterior es la evaluación. Este proceso asigna importancia a la información estimando su validez, midiendo su valor y las consecuencias que pueda generar su utilización.

Todo estímulo sensorial es percibido y evaluado conscientemente, utilizando la lógica y la razón, e inconscientemente, a partir de sentimientos y creencias archivadas en el subconsciente.

Tanto el subconsciente como el consciente se preguntan: ¿Es esta información verdadera? ¿Es importante? ¿Tiene algún valor para lograr los objetivos que persigo? ¿Puedo utilizarla?

¿Cuáles serían las consecuencias de utilizarla? ¿Es este estímulo falso o verdadero, bueno o malo, me servirá o me hará daño, es útil o inútil?

El último proceso de interacción mental que ocurre es la decisión. Es aquí cuando se decide actuar o no con respecto al estímulo o información sensorial recibida del mundo exterior. La gran mayoría de las decisiones que tomamos pasan a través de estos cuatro procesos en los cuales el consciente y el subconsciente trabajan juntos.

## El proceso mental involucrado en la toma de decisiones

Una persona promedio toma un gran número de decisiones cada día. Muchas de ellas son simples e intrascendentes y otras de gran importancia. No obstante, todas y cada una de ellas involucran al consciente y al subconsciente.

### Mensaje # 19:

Es posible tener dos personas distintas enfrentadas a la misma situación, y si sus experiencias previas son distintas, las asociaciones que realicen y las decisiones que tomen serán diferentes. Tanto el uno como el otro comienzan por evaluar dicha situación, basándose en las creencias, sentimientos e ideas con las que hayan programado su subconsciente. Es posible que, como resultado de dicha evaluación, una de ellas opte por huir lo más rápido posible de aquel lugar, mientras que la otra decida hacerle frente abiertamente. Su reacción depende exclusivamente de cómo han programado su mente subconsciente.

¿Alguna vez te has encontrado leyendo el menú de un restaurante de comida rápida, tratando de decidir qué ordenar? ¿Qué sucede a nivel mental durante estos momentos en los que pretendes decidir qué ordenar para el almuerzo? Más o menos ocurre lo siguiente.

Vamos a suponer que debes decidir entre comerte un pastel de carne o un pollo a la plancha. Tu mente consciente comienza a elaborar un juicio sobre las diferentes opciones basándose en la información que ya se encuentra almacenada en el subconsciente.

Literalmente, tu mente consciente comienza a buscar en los archivos de tu subconsciente toda la información relacionada con el pastel de carne. Pastel de carne, pastel de carne, ah… aquí está, pastel de carne.

Encontrará que:

- Te gustan los pasteles de carne.

- Eso fue lo que comiste ayer.

- Estás tratando de comer menos carne.

Así que tu consciente evalúa la segunda opción. Pollo a la plancha, pollo a la plancha… hasta que encuentras que:

- También te gusta mucho.

- Hace mucho tiempo no comes un buen pollo a la plancha.

- Este restaurante en conocido por hacer el mejor pollo a la plancha de la ciudad.

Y basado en esta información ordenas pollo a la plancha.

De la misma manera, al tomar una decisión como esta y cada vez que tu mente consciente actúa lo hace consultando la información que se encuentra guardada en tu subconsciente.

Sin embargo, hay momentos cuando el subconsciente nos hace actuar, ignorando los juicios racionales de la mente consciente. Por ejemplo, si estás cruzando la calle y de repente escuchas el motor de un camión acercándose, inmediatamente das un salto hacia atrás y te quitas del camino. Tú no comienzas a pensar: "ese ruido suena como un camión, creo que tal vez debo moverme".

¡No! Tú actúas inmediatamente. Es un reflejo automático. Sin embargo, la verdad es que tu mente consciente ha estado involucrada en este proceso. A través de ella es que grabaste de antemano en tu subconsciente el peligro latente bajo tal situación. De igual manera, a través de ella has percibido los sonidos o imágenes que te confirman la presencia del camión y has establecido dicha conexión. Esta clase de información, que se encuentra en tu subconsciente y que es vital para tu super-vivencia o seguridad personal, es tan importante que puedes obtenerla y procesarla de manera instantánea.

Este reflejo, por llamarlo de alguna manera, nos permite actuar con prontitud y de forma aparentemente automática, sin involucrar a nuestro consciente. Y qué bueno que así sea y que poseamos este mecanismo de defensa. Te imaginas si, en tal situación, tu mente comenzara a preguntarse: ¿Habrá algún peligro? ¿Me quito del camino o no? Las consecuencias serían trágicas. Resulta fantástico que estas decisiones cruciales ocu-rran de manera automática.

Sin embargo, el hecho de que esto haya ocurrido instantáneamente, depende en gran medida de cómo has programado o archivado la información en tu mente. No puedes acceder a toda la información que se encuentra en tu subsconciente con la misma rapidez, lo que puede ser contraproducente cuando se trata de información importante para tu éxito.

Para entender el porqué, quiero que visualices tu mente subconsciente como un círculo partido en dos mitades. La parte izquierda del círculo la llamaremos memoria de uso casual. La mitad de la derecha la llamaremos memoria de acceso rápido, donde, por supuesto, se encuentra la información a la que quieres acceder rápidamente.

Ahora quiero que realicemos un ejercicio que nos ayudará a determinar en cuál de estas dos mitades se encuentra cierta información. Quiero que leas las siguientes preguntas y las respondas tan rápido como puedas:

— ¿Cuál es el nombre de tu esposa? Si no tienes esposa, ¿cuál es el nombre de tu madre?

— ¿Cuál es tu número telefónico?

— ¿Qué cenaste hace tres meses?

Es posible que no hayas tenido problemas con las dos primeras preguntas, pero ¿qué sucedió con la tercera?

Si te parece que esta pregunta no ha sido justa ya que tres meses son demasiado tiempo, entonces trata de recordar qué cenaste hace uno o dos meses, o hace una semana, o hace cuatro días. ¿Continúas sin poder recordarlo? No te preocupes, lo cierto es que, a menos que, por pura coincidencia, ese día haya sido especial para ti, lo más probable es que no lo recuerdes.

Así que la primer gran interrogante es, ¿qué hace que podamos recordar algunas cosas rápidamente y otras no? ¿Por qué es más fácil acceder a cierta información mientras que no podemos recordar otra, a pesar de nuestro mejor esfuerzo? Por más que queramos recordarla y nos concentremos, parece que no podemos dar con ella, como si se hubiera borrado de nuestra memoria.

A pesar de que el paso del tiempo dificulta recordar cierta información con facilidad, lo cierto es que lo que ha determinado el que hayas respondido o no a estas preguntas, tiene más que ver con dónde se encuentra almacenada dicha información que con el factor tiempo. ¿Está en la parte del subconsciente reservado para la información de uso casual o en la memoria de acceso rápido?

Las respuestas a las dos primeras preguntas se encuentran en tu memoria de acceso rápido y esto ha facilitado encontrar las respuestas. Sin embargo, la información sobre tu cena seguramente se encuentra en la más lenta y menos accesible memoria de uso casual.

La ventaja de contar con este sistema interno es que, indudablemente, todos queremos tener acceso a cierta información importante de manera rápida. No necesitamos recordar todo tipo de información, dato o estímulo que llega a nuestra mente. No obstante, hay cierta información que, por su importancia para nuestra vida, deseamos recordar con facilidad. Lo curioso es que mucha de esta información parece evadirnos, especialmente cuando más la necesitamos. Por ejemplo, sería fantástico poder tener en nuestra memoria de acceso rápido todo aquello que tenga que ver con nuestro éxito, nuestras metas y objetivos a largo plazo. De la misma manera, sería maravilloso poder guardar allí los valores y principios que queremos que guíen nuestra vida y las habilidades y hábitos que sabemos que nos ayudarán a triunfar, ¿no te parece?

Es indudable que nuestra vida sería totalmente distinta si tuviésemos, en todo momento, esta información al alcance de la mano. Nuestras decisiones y acciones diarias seguramente serían muy diferentes si pudiésemos recordarla con la misma facilidad con la que recordamos nuestro número telefónico. ¿Cómo lograr que esta información, vital para nuestro éxito, vaya a parar a nuestra memoria de acceso rápido?

Para entender cómo podemos lograrlo, debemos saber qué factores determinan dónde será archivada la información que llega a la mente.

Piensa por un momento, ¿es importante para ti recordar el nombre de tu esposo o esposa? Espero que hayas respondido de manera afirmativa. No obstante, si no estás seguro de qué tan importante puede ser para tu relación recordar el nombre de tu pareja, cuando llegues a casa, cámbiale el nombre al saludarla y verás lo importante que es. Indudablemente, lo es.

No es sorprendente entonces que el primer factor que determina que cierta información sea almacenada en la memoria de acceso rápido es lo que llamaremos la percepción de importancia. Aquella información que percibes como importante y vital para ti seguramente irá a parar a la memoria de acceso rápido.

El segundo factor es la repetición constante. Tú recuerdas tu número telefónico porque lo utilizas con cierta frecuencia. Así que la repetición constante también juega un papel determinante para que cierta información vaya a la memoria de acceso rápido.

La presencia de cualquiera de estos dos aspectos, percepción de importancia o repetición constante, asegurará que dicha información sea guardada en nuestra memoria de acceso rápido.

Si deseas que cierta información, creencia, hábito o meta vaya a tu memoria de acceso rápido, donde puedas recordarla o tenerla presente de manera constante, debes asegurarte que tu mente la perciba como algo importante para tu vida y, también, deberás repetirla constantemente.

## Mensaje # 20:

Si deseas que tus valores, creencias, hábitos, sueños y metas sean archivados en tu memoria de acceso rápido, donde puedas recordarlos o tenerlos presentes de manera constante, debes asegurarte que tu mente los perciba como hechos importantes en tu vida y deberás repetirlos constantemente.

La verdad es que lo que cenaste hace tres meses también se encuentra en tu mente subconsciente. No obstante, dicha información está en la zona reservada para la información de uso casual, ya que es muy posible que no haya tenido mayor relevancia. Además, sólo ocurrió una vez y, a menos que haya sido un evento especial, esta cena no pasó de ser uno más de los cientos de sucesos que ocurrieron durante un día común y corriente en tu vida. La información se encuentra allí, y algunos científicos aseguran que bajo hipnosis, no sólo podrías recordar lo que comiste, sino quién estaba contigo y otros detalles que en aquel momento pasaron inadvertidos para ti, pero no para tu subconsciente. Se cree que todo aquello que percibiste a través de los sentidos en cualquier momento de tu vida, se encuentra en tu mente subconsciente.

Ahora, la pregunta realmente importante es esta: ¿Dónde debería encontrarse toda la información que necesitas para triunfar? ¿Dónde deben encontrarse tus sueños, metas y aspiraciones? ¿Dónde deben estar los hábitos y compromisos que te ayudarán a realizar los cambios que deseas ver en tu vida? En tu memoria de acceso rápido que responde de manera casi automática o en la memoria de uso casual. ¡Exactamente! En la memoria de acceso rápido.

Tú quieres que todo aquello que es importante para tu éxito lo puedas recordar instantáneamente. Tú no quieres tener que pensar demasiado antes de recordar toda esta información. ¿Cómo puedes asegurarte que todo aquello que es verdaderamente importante para tu vida y que está íntimamente ligado a la realización de tus metas, vaya a la memoria de acceso rápido? Debes darle importancia, percibirlo como prioritario y repetirlo constantemente. Es así de simple. Todas las actitudes, creencias y valores que hoy gobiernan tu vida, ya sean positivos o negativos, son aquellos a los que les has asignado gran importancia (percepción de importancia) y buscas experimentar constantemente (repetición constante). Los hábitos que posees hoy, buenos o malos, son el resultado del proceso que acabo de describir.

Si el primero de enero, por ejemplo, como muchas otras personas, señalas entre tus propósitos para el año nuevo: "este año voy a trabajar en mejorar mi salud y mi estado físico". Inicialmente, esta idea, como cualquier otro pensamiento que acaricies por vez primera, va a tu memoria de uso casual.

Si en los siguientes días no haces nada que valide y dé muestra de que esta ha sido una decisión que llevarás a la práctica, si no comienzas rápidamente a tomar acciones específicas para reafirmar tu compromiso de desarrollar una mejor salud, si dejas pasar los días sin llevar esta declaración inicial al siguiente nivel; seguramente tu mente no la percibirá como importante y prioritaria en tu vida. Tu mente la percibirá como una más de las muchas afirmaciones que has hecho a lo largo de tu vida y la archivará en la memoria de uso casual.

Sin embargo, si al día siguiente te levantas temprano para ir al gimnasio, si prestas más atención a lo que comes, de repente tu mente comienza a percibir que esta decisión que tomaste es realmente importante para ti. Si continúas mostrando ese interés de manera constante, muy pronto esta información irá a parar a la zona de acceso rápido y es allí donde empezará a convertirse en un hábito y en un valor firme y sólido. Muy pronto, ejercitar tu cuerpo, comer bien y cuidar tu salud serán parte de tu vida de manera casi automática. Tener esta información siempre presente en tu memoria de acceso rápido te permitirá estar más alerta a todas aquellas oportunidades que puedan ayudarte a materializar tus metas.

Seguramente, ya habrás conocido a una de esas personas que siempre toman las decisiones acertadas. Ellas parecen saber qué va a funcionar y qué no. Siempre saben lo que les conviene; pueden enfrentar un problema y, casi inmediatamente, saben cuál es la mejor manera de responder.

## Mensaje # 21:

Para programar tus metas más importantes en tu memoria de acceso rápido escríbelas en un papel, léelas constantemente y asígnales una fecha en la cual esperas haberlas logrado. Busca imágenes que te permitan visualizarlas claramente y, lo más importante de todo, comienza hoy mismo a hacer algo que te acerque a ellas. Sólo de esta manera tu subconsciente las percibirá como importantes y pondrá a tu disposición todo un arsenal de poderes mentales que te ayudarán a convertir estas metas en realidad.

De otro lado están las personas incapaces de tomar una decisión, por más trivial que sea. Ellas no saben qué hacer, no tienen la menor idea sobre qué les conviene y qué les puede perjudicar. Es fácil reconocerlas ya que, nerviosamente, piden consejos por doquier pero no hacen nada al respecto; pasan largo tiempo buscando segundas opiniones y sin saber qué hacer, porque no han programado su mente subconsciente con la información que les permita tomar las decisiones acertadas rápidamente.

¿Cuál de estas personas deseas ser? La respuesta es fácil, ¿verdad? Lograrlo es igualmente fácil. Asegúrate de programar en tu memoria de acceso rápido todo aquello que consideres vital para tu éxito y tu felicidad. Repítelo constantemente, actúa de acuerdo a ello y descubrirás cómo el éxito llega a tu vida de manera casi automática.

# LA ELECCIÓN: PROGRAMANDO TU MENTE PARA EL ÉXITO O EL FRACASO

La mayoría de las personas
emplea la primera parte de su vida
en hacer miserable el resto de ella.

—Anónimo

Tanto el éxito como el fracaso son el resultado de elecciones personales. Las personas que triunfan desean triunfar y eligen un camino en el que definen sus metas y se visualizan en posesión de estas. Saben que deben prepararse para triunfar; van tras sus metas con el firme propósito de lograrlas y no se detienen hasta conseguir aquello que saben que les pertenece. Ante tal certeza el único resultado posible es el éxito.

Aquellos que fracasan actúan de manera similar. Aunque ellos también desean triunfar, eligen no clarificar sus objetivos por temor a sufrir una decepción si no los logran; optan por enfocarse en sus debilidades, tienden a magnificar los problemas y obstáculos que puedan llegar a enfrentar y se dan por vencidos fácilmente. Como resultado de ello, y a pesar de su intención inicial, obtienen el único resultado posible ante tal elección: el fracaso.

### Mensaje # 22:

Las personas que triunfan desean triunfar y eligen un camino que incluye definir claramente sus metas y se visualizan en posesión de estas. Saben que deben prepararse para triunfar; van tras sus metas con el firme propósito de lograrlas y no se detienen hasta conseguir aquello que les pertenece. Ante tal certeza, el único resultado posible es el éxito.

## EL EFECTO PIGMALIÓN Y LA PROFECÍA HECHA REALIDAD

En la inmensa mayoría de los casos, el éxito o el fracaso son el resultado de una profecía hecha realidad. Este fenómeno, conocido también con el nombre de efecto Pigmalión, nos muestra cómo los resultados que obtenemos están determinados por nuestras propias expectativas.

De acuerdo con la mitología griega, el rey Pigmalión se enamoró de una estatua de mujer que él mismo había moldeado. Tan profundo era su amor y afecto por la estatua que la diosa Afrodita decidió darle vida para que Pigmalión pudiera casarse con ella. Esta es la esencia de la profecía hecha realidad: todo aquello que esperamos que suceda, tiende a suceder.

En un caso muy famoso, el doctor Robert Rosenthal, profesor de la universidad de California y descubridor del efecto Pigmalión, cuenta que un joven investigador, encargado de evaluar las pruebas de admisión de los estudiantes de nuevo ingreso de cierta escuela, decidió hacer algo novedoso al comenzar el año escolar.

A algunos de los profesores se les informó que iban a estar encargados de un grupo de estudiantes brillantes; que los resultados de sus pruebas de admisión demostraban que su capacidad intelectual estaba por encima de lo normal. A los demás profesores se les dijo que iban a estar a cargo de un grupo de estudiantes cuyo desempeño en los exámenes de admisión había sido promedio y que mostraba algunas deficiencias en ciertas áreas.

Al final del año escolar, los resultados y el desempeño de los estudiantes brillantes confirmaba lo que las pruebas iniciales habían descubierto. Sus calificaciones fueron las más altas de la escuela, exhibían una mayor creatividad y su desempeño en general había sido sobresaliente. Algunos de ellos, inclusive, fueron considerados superdotados. El grupo promedio, como era de esperarse, había tenido un rendimiento promedio, sus calificaciones no eran nada del otro mundo y algunos, efectivamente, presentaron deficiencias que necesitaron ser atendidas.

Al finalizar el año, el joven investigador convocó a todos los profesores y les informó que los dos grupos iniciales de estudiantes habían sido escogidos al azar. No había estudiantes brillantes ni estudiantes con deficiencias fuera de lo normal. Todos eran estudiantes promedio que obtuvieron resultados muy similares en las pruebas de admisión. La única diferencia entre ellos era la etiqueta que el evaluador les había asignado al comienzo del año escolar.

Los encargados de estudiar los resultados de esta investigación sólo pudieron concluir que la causa de tan asombrosa diferencia en los resultados obtenidos por los dos grupos había sido la consecuencia lógica de las expectativas creadas en las mentes de los respectivos profesores. Quienes creyeron estar a cargo del grupo de estudiantes brillantes asumieron que podían esperar mucho de ellos y, por esta razón, les exigieron mucho más y los estudiantes respondieron de acuerdo a lo que se esperaba. Mientras que los profesores que creyeron estar a cargo del grupo promedio decidieron no exigirles demasiado a sus estudiantes.

El doctor Rosenthal explica que este no es más que otro ejemplo de cómo el efecto Pigmalión puede sabotear nuestro éxito. Si esperamos que sucedan grandes hechos en nuestra vida, actuaremos de acuerdo con estas expectativas y nos sucederán grandes cosas. Por otra parte, si esperamos muy poco de nosotros mismos o de los demás, esto generalmente llenará nuestras expectativas.

## MENSAJE # 23:

Tanto el éxito como el fracaso son el resultado de una profecía hecha realidad. Este fenómeno conocido como efecto Pigmalión nos muestra cómo los resultados que obtenemos son determinados por nuestras propias expectativas. Todo aquello que esperamos que suceda, tiende a suceder. Lo más curioso acerca del juego de la vida es que todo aquel que decide perseguir lo mejor de lo mejor, generalmente lo consigue; y quien elige contentarse con segundos lugares, usualmente también lo logra.

Pocos individuos personificaron la esencia del efecto Pigmalión tal y como lo hiciera Vince Lombardi, entrenador de los Empacadores de Green Bay, quien durante la década de los sesenta se embarcó en una carrera que lo haría inmortal en el mundo del fútbol americano. Su éxito fue el resultado de crear una imagen clara de las metas que deseaba obtener y la firme creencia de que podía lograrlas.

Lombardi llevó a los Empacadores a conseguir cinco campeonatos en siete años en los que les exigió a cada uno de sus jugadores dedicación, entrega y sacrificio. Pero la gran hazaña no fue simplemente haber logrado estos triunfos, sino hacerlo con un equipo que, hasta aquel entonces, ostentaba el título del peor equipo en la historia de la liga, ya que muy pocos habían tenido una racha tan perdedora como los Empacadores, hasta que, en 1959, se le pidió a Lombardi que lo dirigiera.

Cuando Lombardi fue presentado ante sus jugadores, sus primeras palabras fueron: "Señores, yo nunca, nunca, nunca he fracasado en nada de lo que empezado en mi vida, y pueden ustedes tener la absoluta certeza que esta no será la primera vez". A continuación transmitió su visión al grupo: "los segundos lugares no se admiten en este equipo. En cada partido, cada uno de ustedes debe salir dispuesto a dar todo lo que tiene. Toda fibra de su ser debe querer dar el 100% de sí. No es suficiente jugar con la cabeza, es vital jugar con el corazón. Si en el partido utilizamos la cabeza y el corazón, y nos entregamos totalmente a lo que sabemos que debemos hacer, será imposible perder".

Él quería un equipo ganador. Hablaba con el lenguaje del éxito. No permitía que sus jugadores consideraran la posibilidad de fracasar y, como resultado de eso, no sólo logró que su profecía se hiciese realidad, sino que esta filosofía lo llevó a ser considerado por muchos como el mejor entrenador en la historia del fútbol americano.

## CUANDO TU MENTE TE DA LA REPUESTA EQUIVOCADA

A todo lo largo de nuestra vida los seres humanos aprendemos e interiorizamos ciertos comportamientos que, con el tiempo, se convierten en acciones o reflejos automáticos. Los pesimistas, por ejemplo, tienden a reaccionar negativamente ante todo, casi de manera automática. Su visión de la vida y sus expectativas son por lo general pobres. No obstante, ningún niño nace con una actitud negativa, este es un comportamiento aprendido o socialmente condicionado por el medio. Todos los días programamos nuestra mente para el éxito o para el fracaso, muchas veces de manera inconsciente.

La buena noticia es que, aun cuando en el pasado hayamos permitido que nuestro entorno o quienes se encontraban a nuestro alrededor nos condicionaran para el fracaso, hoy podemos cambiar de actitud y reprogramar nuestra mente para el éxito. En este instante puedes tomar la decisión de reprogramar tu mente, cambiando la calidad de información con la que la alimentas de manera constante. Todo lo que percibes con tus sentidos ha sido y continúa siendo registrado y archivado. Toda la información que has recibido a través de tus experiencias, reales o imaginarias, ha sido archivada en tu memoria. Cada libro leído, cada lugar visitado u olor percibido, se encuentra allí. En el disco duro de tu subconsciente están todos los pensamientos que has tenido desde aproximadamente los primeros cuatro meses después de la concepción hasta hoy.

Esta es la información que tu consciente consulta antes de tomar una decisión. Es la que crea hábitos, solidifica creencias y limita o expande tu potencial. De ahí la importancia de cuidar la clase de información que dejas llegar a tu subconsciente. La interacción constante entre tu consciente que toma decisiones y tu subconsciente, donde se encuentra archivada la información, es la responsable de que al final de tu vida hayas tenido éxito o hayas fracasado.

Quiero darte un ejemplo de cómo interactúan estas dos mentes, de manera que puedas apreciar cómo se comunican entre sí y cómo ocurre el proceso de programación de tu subconsciente.

Empecemos por decir que siempre que tu mente consciente actúa, toma una decisión, o formula un juicio lo hace consultando información que ha tomado de tu subconsciente. Entonces, ¿cuál de estas dos mentes crees tú que es la dominante, la consciente que toma decisiones o la subconsciente que proporciona la información para tomarlas? Es obvio que la subconsciente, al proporcionar la información que el consciente utiliza para tomar decisiones, ejerce un control sobre esta.

Así que nuestro principal objetivo es programar o reprogramar nuestro subconsciente con la información correcta, de tal manera que podamos tomar decisiones acertadas.

Si te encuentras resolviendo un examen de geografía, por ejemplo, todas las respuestas que des se basarán en la información que poseas al respecto. Tu consciente lee la pregunta, consulta la información que previamente ha grabado en los archivos de tu subconsciente y da la mejor respuesta posible.

## Mensaje # 24:

En el interior de tu mente se encuentran las respuestas a todas las preguntas que tienes. Todo lo que necesitas hacer es formular las preguntas y ella te proveerá las respuestas. Tu mente buscará responder cualquier pregunta que le formules, con la expectativa absoluta de que vas a recibir una respuesta. Si le das suficiente tiempo, puedes estar seguro que cualquier pregunta recibirá una respuesta. Tu subconsciente te proporcionará la mejor opción posible, y si no la encuentra, simplemente fabricará una. Te dará una respuesta aun cuando no esté basada en nada real.

Si una de las preguntas es: ¿Cuál es la capital de España? Tu consciente buscará en los archivos del subconsciente y extraerá la respuesta. El que sea acertada o no, depende de que hayas programado la información correcta. Si durante las horas de estudio, has aprendido que la capital de España es Madrid, pues tu respuesta será correcta. Pero si equívocamente aprendiste que la capital de España era París, esta será la respuesta que tu mente consciente escoja, a pesar de no ser verdadera. Tu mente no tiene otro punto de referencia para deducir que la respuesta está equivocada, así que la escogerá porque es la única que ha encontrado. Y lo mismo sucede en cualquier otro aspecto de tu vida.

Al igual que con el examen de geografía, en el vivir diario, el diálogo interno ocurre en forma de preguntas y respuestas.

Cuando enfrentamos cualquier situación que requiera una respuesta de nuestra parte, ya sea que estemos evaluando una propuesta que alguien nos presente, buscando las causas de una caída que sufrimos, o estemos experimentando un dolor físico, nuestra mente sopesará dicha situación preguntándose: ¿qué quiere decir esto para mí? ¿Por qué me está sucediendo a mí? ¿Qué debo hacer y cómo debo responder?

Y puesto que en tu mente se encuentran las respuestas a todas las preguntas que tienes, tu subconsciente te proporcionará la mejor respuesta posible y, si no la encuentra, simplemente fabricará una. Te dará una respuesta aun cuando esta no se base en nada real.

¿Qué quiere decir esto? Si después de sufrir una derrota, así sea una caída menor, te preguntas: ¿por qué será que a mí todo me sale mal? Tu cerebro comenzará a buscar en todos lo archivos de tu subconsciente. Lo primero que seguramente encontrará es que no se trata de una apreciación real, ya que no todo lo que intentaste en tu vida te ha salido mal. Así que, a falta de evidencia real que ratifique tal aseveración, consultará y evaluará todo lo que otras personas te hayan dicho al respecto, lo que tú te hayas dicho, lo que hayas leído, visto en televisión o escuchado en algún lado, y basado en todo este caudal de información, precisa o imprecisa, real o ficticia, te dará una respuesta. Y a lo mejor la respuesta es: ¡esto te pasa porque no sirves para nada!

¿De dónde salió esta respuesta? Es difícil determinarlo con exactitud; no obstante, ha sido el resultado de toda la información que se encuentra en tu mente y que consciente o inconscientemente tú mismo has permitido que llegue allí. A lo mejor fue un comentario que alguien te hizo tiempo atrás al experimentar otro revés. De donde quiera que haya salido, lo único cierto de esta respuesta es que ha logrado que ahora, probablemente, te sientas peor de lo que te sentías antes. Es simple, si formulas una pregunta estúpida, seguramente recibirás una respuesta estúpida. Si las respuestas que recibes, ciertas o erradas, están creando sentimientos y emociones negativos en ti es porque estás formulando las preguntas equivocadas.

Por ejemplo, piensa por un momento en las siguientes cuatro preguntas que muchas personas se hacen con sorprendente regularidad:

— ¿Por qué esto siempre me sucede a mí?

— ¿Por qué es tan difícil para mí aprender cualquier cosa?

— ¿Por qué tengo tan mala suerte?

— ¿Por qué seré tan gordo?

¿Cómo afectan estas preguntas tu actitud? Recuerda que la calidad de vida que experimentas depende de la calidad de las preguntas que te hagas.

Por ejemplo, si te preguntas, ¿por qué seré tan gordo?, prácticamente te estás condicionando para seguir así y tu cerebro lo asume: "eres gordo y estás gordo porque comes continuamente, sin ningún control". ¿Si entiendes? Primero que todo, en esa pregunta está implícita la idea de que tú eres tu gordura, que ese eres tú, que eso no es circunstancial sino que es parte de tu naturaleza, lo cual no es necesariamente cierto. Ahora, ¿cómo te hace sentir esta respuesta, así sea verdad? ¿Te hace sentir mejor o peor? ¿Te da alguna idea para solucionar tu problema? ¿Te impulsa a asumir el control de la situación o, por el contrario, te hace sentir más incapaz?

Si quieres perder peso, el planteamiento que debes hacerte es: ¿Qué puedo hacer para adelgazar y llegar a mi peso ideal empezando ahora mismo?

¿Ves la diferencia? Si haces mejores preguntas, obtendrás mejores respuestas. Si dices: ¿Qué debo hacer para adelgazar, empezando hoy mismo y disfrutando el camino? En tu pregunta está implícito que es posible disfrutar del proceso. Esta pregunta va aún más lejos. Verás como tu cerebro buscará una respuesta que no sólo te permita perder peso, sino disfrutar el proceso. Puedes estar seguro de ello.

Asegúrate también que tus preguntas vayan orientadas a buscar los recursos que ya se encuentran dentro de ti y que te pueden ayudar a solucionar cualquier situación que enfrentes.

## MENSAJE # 25:

La calidad de vida que experimentas depende de la calidad de las preguntas que hagas. Asegúrate que tus preguntas vayan orientadas a buscar los recursos que ya se encuentran dentro de ti y que te pueden ayudar a solucionar cualquier situación que enfrentes. Tu tarea debe ser hacer mejores preguntas para poder obtener mejores respuestas.

Veamos otra pregunta. ¿Será que puedo hacer eso?, esta pregunta lleva implícito un sentimiento de duda e inseguridad que te mantendrá en un estado en el que no podrás obtener el máximo de tu potencial. Esta interrogante da como un hecho la posibilidad de que las habilidades que necesitas para lograr el éxito no se encuentren dentro de ti. Si preguntas con duda y, peor aún, con un tono que la ratifica, sólo tendrás acceso a los estados mentales de duda que se encuentren en tu cerebro, y sólo obtendrás respuestas que justifiquen esa duda. Así que, ¡haz las preguntas que te fortalezcan!

He aquí algunas preguntas que tienen la opción de proveerte mejores respuestas al momento de sufrir una derrota:

— ¿Qué lección puedo aprender de este revés?

— ¿Cómo puedo utilizar esta caída para crear más poder en mi vida?

— ¿Qué puedo obtener de esta situación para que me ayude a crear una mejor vida?

— ¿Qué nuevas oportunidades me brinda el tropiezo que acabo de sufrir?

Toma unos minutos para identificar las preguntas que sueles hacerte en la mañana, ya que generalmente dictaminan cómo te sentirás a lo largo del día. Posteriormente, identifica las respuestas correspondientes que vas a dar de hoy en adelante.

En lugar de utilizar expresiones como: ¿otra vez a trabajar?, o ¿la misma rutina de siempre? Pregúntate:

— ¿Qué puedo hacer hoy para que mi vida sea mejor aún?

— ¿Qué puedo hacer hoy que lleve a mi empresa a nuevos niveles de productividad?

— ¿Qué puedo hacer hoy para conectarme aún más profundamente con mi familia?

Luego escucha las respuestas de tu mente y toma nota; ponlas en práctica y verás un cambio dramático en tu vida. Lo que buscas es poder empezar cada mañana acumulando más razones para ser feliz, para estar orgulloso y agradecido. En otras palabras, busca todas las razones posibles para tener éxito hoy. Puede ser el primer gran cambio que le hagas a tu día. En lugar de salir de casa por la mañana con cientos de razones para tener un día miserable o aburrido e improductivo, vas a salir armado de todos los argumentos posibles para tener un día exitoso, para tener hoy el mejor día de tu vida.

### Mensaje # 26:

Empieza cada mañana acumulando el mayor número de razones para ser feliz, estar orgulloso y agradecido. Busca todos los motivos posibles para tener éxito hoy. Puede ser el primer gran cambio que le hagas a tu día. En lugar de salir de casa por la mañana con cientos de razones para tener un día miserable o aburrido e improductivo, vas a salir armado de todos los argumentos posibles para tener un día exitoso, para tener hoy el mejor día de tu vida.

## Cómo hacer del éxito un reflejo automático

Ya lo he repetido en varias ocasiones, tu objetivo debe ser programar tu subconsciente con la información que te permita responder acertadamente en toda situación. Cuando desarrollas este hábito, comienzas a ver cómo el éxito se convierte en un reflejo automático.

Para lograr que esto suceda, deberás atravesar varias etapas durante las cuales estarás interiorizando las ideas y aprendiendo metódicamente aquellos hábitos que te permitirán convertirte en un triunfador. Este proceso ocurre siempre que aprendemos algo nuevo y deberá suceder con el aprendizaje de los hábitos que debes interiorizar en tu camino hacia el éxito.

Es muy probable que algunos de los conceptos que has encontrado a lo largo de este libro sean nuevos para ti. También es posible que algunos de los errores que has cometido en el pasado fueran el resultado de no saber nada acerca de estos conceptos, lo cual, aunque disculpa dichas acciones, no cambia los resultados. En otras palabras, tú no sabías algo y no sabías que no lo sabías. No tenías la menor idea de que estabas haciendo algo mal. Es la excusa de quien acaba de cometer una infracción y desesperadamente busca hacerle entender al oficial de tránsito que es su primera visita a la ciudad y que desconocía dicha ley. A propósito, la ley es muy clara, su desconocimiento no es excusa para violarla, así ocurra de manera involuntaria. Lo mismo sucede en el juego de la vida.

Entonces, nuestra meta es desarrollar tal conocimiento de las leyes del éxito que repercuta en nuestra vida de manera automática. Quizás la manera más fácil de entender este proceso sea con un ejemplo.

## PRIMERA ETAPA: INCONSCIENTEMENTE INCAPAZ

Un niño de seis meses es incapaz de atarse los cordones de los zapatos. Es más, él no sabe que existe tal cosa. No lo conoce, por tanto, no lo practica ni lo extraña. Podríamos decir que no sabe, pero no sabe que no sabe. Él es inconscientemente incapaz.

## SEGUNDA ETAPA: CONSCIENTEMENTE INCAPAZ

El niño de dos años observa a su padre amarrarse los zapatos. Ahora es consciente que existe esta actividad, pero aún es incapaz de realizarla por sí mismo. No obstante, ahora está consciente de su incapacidad. El no saber cómo hacerlo le produce frustración y hace que abandone su intento después de unos momentos. Aún no sabe cómo hacerlo, pero ahora sabe que no sabe. Él es consciente de su incapacidad.

## Tercera etapa: conscientemente capaz

El niño, entre los cuatro y los seis años de edad, después de observar a otras personas y de practicar cómo amarrarse los zapatos, logra hacerlo por sí mismo. Sin embargo, para lograrlo necesita concentrarse en lo que hace. Esto es evidente ya que para lograrlo trata de colocar su pie lo más cercano posible a su cara y fija su visión en la tarea, tratando de eliminar distracciones. Él es ahora consciente de su nueva capacidad.

## Cuarta etapa: inconscientemente capaz

Los adultos no necesitan pensar o concentrarse cuando se amarran los zapatos. Lo hacen inconscientemente. Lo pueden hacer con los ojos cerrados o, inclusive, mientras mantienen una conversación. Esta acción se ha convertido en una acción automática en ellos. Finalmente, son inconscientemente capaces.

Estas cuatro etapas pueden convertir cualquier acción en un hábito y cualquier hábito en un condicionamiento inconsciente. Esta es una gran noticia si se trata de un hábito de éxito. Pero funciona exactamente igual con un mal hábito, sin importar cuán autodestructivo sea.

Luis fuma, pero no conoce todos los males que están asociados con este hábito. Podríamos decir que Luis es inconscientemente incapaz.

En un seminario, Luis escucha una exposición sobre todos los peligros asociados con este mal hábito, y aunque sigue fumando, ahora ha desarrollado conciencia de su adicción. Es decir, ahora es conscientemente incapaz.

En la medida en que Luis desarrolla una mayor conciencia acerca de las posibles consecuencias de su mal hábito, comienza a dar pasos para dejar de fumar. En un principio esto requiere de una gran disciplina por su parte. El poder adictivo de su hábito le presentará retos físicos que no esperaba y las presiones del entorno constantemente pondrá a prueba su compromiso. Así que si desea vencer esta adicción, deberá poner todo de su parte.

Luis está en una etapa en la cual su capacidad de éxito dependerá en gran medida de que esté consciente cada minuto de lo que debe hacer. Después de algunos meses, Luis habrá reemplazado el viejo hábito de fumar por un nuevo hábito de salud. Su vida será el producto de una nueva serie de creencias y compromisos que interiorizó y que hicieron que se comportará de una manera distinta frente a dicho hábito.

Muy posiblemente ya no tendrá que recordar constantemente todos los males asociados con fumar para vencer a la tentación de hacerlo. No fumar es algo que hará de manera automática, inconscientemente.

## MENSAJE # 27:

Uno de nuestros objetivos debe ser desarrollar tal conocimiento de las leyes del éxito, que este llegue en nuestra vida de manera automática. Nuestra misión es llegar a un estado donde los hábitos de éxito estén presentes en nosotros de manera inconsciente.

# Capítulo

# 8

# EL ORIGEN DE NUESTRAS LIMITACIONES

Todos somos responsables por los pensamientos
que albergamos en nuestra mente en cualquier
momento. Tenemos la capacidad de pensar
lo que deseemos. Así que inclusive todas nuestras
actitudes y comportamientos negativos
y autodestructivos se han originado en la manera
en que hemos elegido pensar.

—Wayne Dyer

La mayoría de las limitaciones que el ser humano experimenta son el resultado de creencias erradas que ha interiorizado acerca su verdadero potencial. Estas creencias actúan como programas mentales que dirigen nuestras acciones y crean expectativas en nuestro subconsciente sobre lo que es posible y lo que no. Pocas veces nos detenemos a evaluar la validez de estos programas y creencias que gobiernan nuestra vida. No nos molestamos en verificar si estas convicciones que tenemos sobre nuestras habilidades y nuestro potencial son ciertas o no. Es posible que aquello que hemos aceptado como verdad absoluta, no lo sea, y que el lente a través del cual hemos observado el mundo no sea el correcto o esté defectuoso.

Muchas personas utilizan comúnmente expresiones como: "soy malo para los negocios" o "no me pidas que dibuje porque para eso no sirvo". Llevan años repitiéndolo, quizá basadas en una sola experiencia o, peor aún, basadas en la apreciación de otra persona, pero nunca se han detenido a evaluar si dicha afirmación es cierta o si, a pesar de que haya sido cierta en alguna etapa de su vida, aún lo es. Como resultado, terminan viviendo una vida llena de limitaciones, a pesar de que sólo existan en su mente.

En este capítulo examinaremos cómo la mente aprende a interpretar el mundo y cómo se originan las creencias erradas, las limitaciones y los programas mentales que nos detienen para alcanzar nuestro verdadero potencial.

## MENSAJE # 28:

No te formes ideas erradas acerca de tu verdadero potencial, basado en una sola experiencia adversa o, peor aún, en la apreciación de otra persona. Evalúa si dicha afirmación es cierta o si, a pesar de que haya sido cierta alguna vez, aún lo es. De otra manera, ter-minarás viviendo una vida llena de limitaciones que te detendrán para utilizar tu verdadero potencial, a pesar de que estas limitaciones sólo existen en tu mente.

## A TRAVÉS DEL LENTE DE TU MENTE SUBCONSCIENTE

Todos tenemos la libertad de escoger en qué decidimos enfocar nuestra atención. Lamentablemente, muchas personas eligen enfocarse en cosas que los limitan. Vigila con cuidado en qué te enfocas. Tu mente es como una cámara de video y tu interpretación del mundo no es más que el resultado de aquello que elijas para enfocar tu cámara. Imagínate por un momento que vas a una fiesta. Seguramente habrás notado que casi siempre hay una o dos personas que deciden que, sin importar lo que suceda, ellas no se van a divertir. Toman la decisión de estar aburridas y nadie las hace cambiar de parecer. Generalmente los ves en una esquina, sentados, con los brazos cruzados, y una cara de enfermos que aterra.

Ahora imagínate que llegas a la fiesta y decides enfocar tu cámara sólo en una de estas personas. Toda la noche mirándola a ella. ¿Cuál va a ser tu interpretación de la fiesta? Si alguien te pregunta, seguramente responderás que la fiesta estuvo aburridísima. Es posible que las otras cien personas hayan tenido una velada espectacular y se hayan divertido mucho, pero tú has evaluado la fiesta basado en el comportamiento de una sola persona, ya que sobre ella enfocaste tu cámara.

La pregunta importante es, ¿será una evaluación acertada del ambiente que reinó en el festejo? Por supuesto que no. Sin embargo, ¿no es esto lo mismo que estás haciendo cuando decides que clase de día vas a tener basado únicamente en el clima o cuando dices que nadie te aprecia, basado solamente en la opinión de una persona? ¿Comienzas a ver la conexión?

¿Qué sucedería si decides enfocar tu cámara en otra persona durante la fiesta? Quizás hayas encontrado que en toda celebración también hay por lo menos una o dos personas que han decidido que van a pasar el mejor rato de su vida. Ellos se fueron a divertir como si ese fuera su último día. Gozan, ríen, bailan y celebran, a tal punto que su sola presencia dice: ¡Entusiasmo! ¡Alegría! ¿Qué sucede si decides enfocar tu cámara en esta persona? ¿Cambiaría tu evaluación de la fiesta? Por supuesto que sí.

Contigo sucede exactamente lo mismo. Si decides que quieres tener una gran vida, si deseas que hoy sea un día espectacular, te aseguro que hay muchas cosas en tu vida en las que puedes enfocar la cámara de tu mente que te harán sentir contento, entusiasmado y feliz. Si en lugar de salir de casa por la mañana y mirar las nubes, ves el sol que se encuentra detrás de ellas o si enfocas tu cámara en la gente, la naturaleza, en tus sueños, o en tus logros, seguramente vas a tener un gran día y una gran vida.

No obstante, tienes otra opción. Si quieres sentirte deprimido, infeliz, triste y derrotado, también vas a poder encontrar eventos en tu día y en tu vida sobre los cuales enfocar tu cámara, que seguramente te harán sentir de esa manera. Lo más increíble de todo es que hay personas que han programado su cámara para que sólo encuentre los eventos que van a hacer que se sientan derrotadas y débiles. ¿Triste, verdad?

Es posible que tú conozcas a algunas de estas personas. Son aquellas a quienes les dices "que hermoso día para ir al parque, ¿verdad?", y te responden, "sí, pero no celebres todavía que con seguridad llueve más tarde". O les dices "que hijo tan inteligente tienes, es un genio para la ciencia y las matemáticas", y te responden "sí, pero tiene muchos problemas con la ortografía". Son incapaces hasta de recibir un elogio; "¡que bonita estás!"; "pero no sabes lo mal que me he sentido últimamente".

Lo peor de todo es que no sólo enfocan sus cámaras en sus flaquezas o en sus caídas, sino que hacen un zoom con ella; toman el evento y llenan con él toda la pantalla de su mente. Lo agrandan y le dan proporciones gigantescas a cosas relativamente triviales. Si un día experimentan un tropiezo, sin importar los demás logros que hayan obtenido, suelen decir: "¿por qué será que a mi todo me sale mal?" Si su pareja olvida agradecerle un favor que le haya hecho, dicen: "nadie aprecia lo que yo hago" o "nunca recibo un agradecimiento", y de repente ese hecho lo es todo. No permitas que esto te suceda. Recuerda que ningún evento constituye toda tu realidad.

Para los fracasados cualquier acontecimiento adverso se convierte en toda su realidad, mientras que el triunfador sabe que su éxito depende, en gran medida, de ver las cosas como pueden llegar a ser y no necesariamente como son. Saber dónde enfocar nuestra visión, inclusive frente a las circunstancias más adversas, nos ayuda a crear expectativas que influirán de manera dramática en los resultados que obtengamos.

## Mensaje # 29:

Tu vida es el resultado de aquello en lo cual decides enfocarte. Si resuelves que quieres tener una gran vida, existen muchas cosas en las que podrás enfocar la cámara de tu mente que te harán sentir contento, entusiasmado y feliz. No obstante, si quieres sentirte deprimido, infeliz, triste y derrotado, también vas a poder encontrar hechos en tu vida sobre los cuales enfocar tu cámara, que seguramente te harán sentir de esa manera. Es tu decisión.

Pocas historias ilustran el punto de mejor manera que esta acerca del libertador Simón Bolívar, padre de la independencia de cinco naciones. La historia cuenta que en cierta batalla que se libró en las cercanías de la población de San Fernando, en territorio venezolano, el ejército patriota, al mando del general Bolívar, enfrentaba las fuerzas combinadas de un ejército español al mando de tres de sus más importantes generales. Las pérdidas humanas del ejército independentista habían sido cuantiosas y la derrota parecía inminente. La batalla se libraba en un terreno cubierto de matorrales y regado por riachuelos, bajo una llovizna pertinaz.

En los últimos segundos, cuando los pocos soldados del ejército libertador que aún quedaban con vida comenzaron a huir ante la avanzada realista, un edecán, temeroso de que el general fuese a ser capturado, le ayudó a esconderse detrás de unos frondosos matorrales.

Poco a poco los gritos y el bullicio de la contienda se fue apagando y el ejército realista se retiró hacia la población vecina. Terminada la batalla, el edecán volvió en busca del libertador, quien aún permanecía en su escondite. Mojado, sangrante, con su uniforme rasgado y las huellas de la cruenta lucha en la cara, Bolívar permanecía quieto, callado y con la mirada perdida en el horizonte. Con cierta lástima al ver a su general en tal situación, el edecán le preguntó "¿en qué piensa, Libertador?" A lo cual Bolívar respondió: "¡En el triunfo!"

Es indudable que se trata de un gran ejemplo sobre cómo saber enfocar la cámara de nuestro subconsciente es un factor determinante para los resultados que obtengamos. En tal situación, Bolívar podía haber dirigido su mente hacia otros hechos: la aparatosa derrota, su seguridad personal, la muerte de muchos de sus hombres, la victoria del enemigo. No obstante, su respuesta resume la actitud de una persona cuya visión no se centra en las circunstancias del momento sino en las posibilidades que ofrece el futuro. Bolívar no estaba derrotado en aquel momento, porque su mente ya no estaba allí; estaba en el futuro, en su visión emancipadora y en su sueño de libertad.

## CUANDO INCONSCIENTEMENTE SABOTEAMOS NUESTRO PROPIO ÉXITO

Lo más curioso acerca de nuestras limitaciones es que la gran mayoría de ellas no se generan porque deliberadamente nos hayamos dado a la tarea de aprenderlas. Es más, tan absurdo como pueda parecer, ellas son el resultado de intenciones positivas. Detrás de todo comportamiento, sin importar que tan autodestructivo pueda parecer, subyace una intención positiva hacia nosotros mismos. Nosotros no hacemos cosas simplemente por causarnos daño, sino porque creemos que de alguna manera estamos derivando un beneficio de ello.

Muchas de las creencias limitantes que arrastramos con nosotros a lo largo de nuestra vida, han sido el resultado de intenciones positivas. Observa lo que algunas personas hacen consigo mismas, de manera inconsciente. Ellas aprenden a hacer algo bien, una tarea o una profesión. Disfrutan haciéndolo, desarrollan un talento especial para ello y después de algún tiempo piensan: "esto es para lo que sirvo".

Al llegar a esta conclusión, a esta realización, comienzan a pensar que quizás ése es su talento, su llamado en la vida, su verdadera y única vocación. Asumen que en ninguna otra área podrán ser tan efectivos como en ésa, y dejan de buscar su desarrollo en otras áreas. Comienzan a dar excusas, encuentran razones para explicar sus limitaciones, hacen afirmaciones tales como: "yo no sirvo para eso", "no tengo nada de talento para aquello", "no tengo el cuerpo que se necesita para eso", "no soy suficientemente alto, o no tengo la personalidad adecuada". Y así, inadvertidamente crean limitaciones que no les permiten expandir su potencial. Pero el problema no son ellos, sino sus programas mentales, sus pensamientos.

Otras limitaciones son el resultado de experiencias pasadas que han perdido su validez. A lo mejor, cuando tenías seis años te pidieron que hicieras un dibujo de tu familia para presentarlo en clase y tu profesor se rió de él, o algunos compañeros se burlaron de lo que parecía ser una familia de chimpancés, lo cual, como es de esperarse, te hizo sentir mal y desde ese momento dejaste de dibujar para evitar pasar por más vergüenzas frente a tus compañeros de clase y para evitar las críticas de los demás. Con el tiempo, después de muchos años de permitir que este programa mental permaneciera en tu mente, llegaste a aceptar que el dibujo no era una de tus aptitudes, que no tenías el talento para hacerlo.

¿Ves cómo nosotros muchas veces somos los encargados de sabotear nuestro propio éxito y limitar nuestro potencial? Porque quizás hoy, con cuarenta años de edad, cuando alguien te pide que realices un bosquejo o un dibujo para acompañar una presentación, tú dices: "mira, pídeme que redacte todo el trabajo, si deseas lo escribo y lo imprimo, o si quieres realizo toda la investigación necesaria, o hasta puedo hacer la presentación, pero no me pidas que dibuje nada, porque en ese campo mis habilidades son cero". Es posible que lleves más de treinta años sin dibujar nada, pero tú asumes que tus aptitudes para hacerlo deben ser las mismas que cuando tenías seis años, lo cual es absurdo, por supuesto.

¿Te imaginas trabajando hoy con la primera versión del primer programa para computadoras que salió a finales de los años setenta, en lugar de estar utilizando la última versión? ¿Qué tan eficiente crees que serías? ¿Te puedes imaginar dando una clase de geografía hoy, utilizando un libro publicado en 1950? ¿No crees que tus alumnos te mirarían, como diciendo: "¿y este profesor, en que siglo está viviendo?" ¿No te parecen absurdas estas situaciones? Entonces, ¿por qué continuas permitiendo que un programa obsoleto y desactualizado que pusiste en tu disco duro hace muchos años y que hoy posiblemente no tiene ninguna validez, aún te diga que puedes y que no puedes hacer?

Lo que quiero que entiendas es que muchas de las limitaciones que tienes en este momento no son físicas ni tienen que ver con tu capacidad mental, tus dotes o tus talentos, sino con creencias limitantes, que en su mayoría son ideas erradas acerca de tu verdadero potencial y de lo que es o no posible.

### Mensaje # 30:

Muchas de las limitaciones que cargamos con nosotros a lo largo de toda nuestra vida, no son de carácter físico ni tienen que ver con nuestra capacidad mental, dotes o talentos, sino con creencias limitantes e ideas erradas acerca de nuestro verdadero potencial y de lo que creemos que es o no posible.

## Cuando caemos víctimas de limitaciones impuestas

Muchos de nosotros caemos, con frecuencia, víctimas de las influencias negativas de otras personas; aceptamos su programación negativa sin cuestionamientos. Al hacer esto, permitimos que otros siembren en nuestra mente falsas creencias que nos limitan física, emocional e intelectualmente.

Por muchos años, el récord de la milla no bajó de los cuatro minutos. En 1903, el director de los juegos olímpicos había profetizado: "el récord de la milla es de 4'12"75, un récord que tal vez nunca será superado". Por otro lado, los atletas escuchaban decir a los médicos y científicos que era físicamente imposible para un ser humano correr una milla en menos de cuatro minutos. Así que por casi 60 años los mejores atletas llegaron muy cerca de esta marca, pero nunca lograron superarla. ¿Por qué? Porque era imposible, los médicos habían dicho que era imposible, que el cuerpo no soportaría tal esfuerzo y que el corazón literalmente podría explotar.

Hasta que un día un hombre llamado Roger Bannister corrió la milla en menos de cuatro minutos y sobrevivió. El mito se había roto. Cuando esta noticia le dio la vuelta al mundo sucedió algo sorprendente, unos cuantos meses luego de que Roger Bannister realizara esta hazaña, seis personas más habían corrido la milla en menos de cuatro minutos. Es más, en una misma carrera tres corredores llegaron con registros por debajo de los cuatro minutos. Y esto no ocurrió porque de repente el ser humano se hiciera más rápido sino porque entendió que no se trataba de una limitación física. Lo único que hicieron estos atletas fue desalojar de su mente las creencias limitantes que los habían detenido para utilizar su verdadero potencial durante más de cinco décadas.

Tú puedes hacer lo mismo. Lo único que necesitas es identificar las falsas creencias que hasta ahora han limitado tu vida y reemplazarlas por ideas que te fortalezcan, que te permitan utilizar el poder que ya reside dentro de ti y que sólo espera ser utilizado para ayudarte a alcanzar tus metas más ambiciosas.

## MENSAJE # 31:

Muchos de nosotros caemos víctimas de las influencias negativas de otras personas. Para cambiar esta situación debemos identificar la programación negativa que hasta ahora ha limitado nuestra vida y reemplazarla por nuevas creencias, por ideas que nos fortalezcan y nos permitan utilizar el poder que ya reside dentro de cada uno de nosotros y que sólo espera ser utilizado para ayudarnos a alcanzar nuestras metas más ambiciosas.

## ¿CÓMO HACERLO?

Lo primero que debemos hacer es despertar a la realidad y convencernos de que los programas y creencias que han guiado nuestras acciones y expectativas no son los correctos. Debemos darnos cuenta que quizás hemos sido programados para aceptar la mediocridad. Es preciso tomar la decisión de no continuar viviendo una vida de negación, pretendiendo que todo está bien y reconocer e identificar aquellas programaciones negativas que nos están deteniendo.

El segundo paso es entender que, a pesar de haber sido programados para la mediocridad, hemos sido creados para la grandeza; que a pesar de ser personas ordinarias podemos lograr cosas extraordinarias. Es abrir nuestra mente a la posibilidad de ser más de lo que ahora somos. Es entender que nuestro futuro no tiene por qué ser igual a nuestro pasado y que es posible cambiar y construir uno nuevo.

## Cuando eliges programar tu mente para el fracaso

Todas las decisiones que tomamos y la manera como actuamos, consciente o inconscientemente, son el resultado de la información con que hemos programado nuestro subconsciente.

¿Cómo podemos programar nuestro subconsciente con la información que nos permita triunfar y experimentar felicidad en nuestras vidas? ¿Cómo funcionan cerebral y mentalmente los mecanismos mediante los cuales ocurre esta programación? ¿Qué funciona y qué no funciona, qué es mito y qué es verdad?

Está claro que los pensamientos que albergas en tu mente, que todo aquello que llega a ella a través de los sentidos, ya sea de manera consciente o inconsciente, queda grabado allí para siempre. Entonces, ¿cómo es posible que programemos nuestra mente con ideas limitantes y en ocasiones destructivas?

Primero que todo debemos entender que únicamente la parte consciente de nuestra mente puede distinguir entre las ideas constructivas y las destructivas.

Lo segundo que debemos entender son los procesos mediante los cuales esta programación se lleva a cabo. Nuestra mente consciente tiene a su disposición dos procesos, la inducción y la deducción, mientras que el subconsciente sólo procesa información a través de la deducción.

El proceso inductivo que ocurre en nuestra mente consciente involucra el análisis, el juicio, la comparación y la selección de diferentes opciones o alternativas. A todo esto es a lo que nos referimos cuando utilizamos la palabra pensar, que es una función exclusiva de la mente consciente.

Nosotros razonamos de manera inductiva constantemente. Lo hacemos cuando observamos y reunimos ciertos hechos o situaciones, sacamos una conclusión general a partir de ellos y después, de alguna manera, buscamos probar dicha conclusión. Estos tres pasos suceden diariamente sin que nos demos cuenta.

Si estás invitado a una cena y llegas a la mesa, el proceso para escoger dónde sentarte se basa totalmente en el razonamiento inductivo. Es posible que prefieras sentarte junto a la ventana, sin embargo, si hace frío y tú acabas de entrar, es probable que quieras colocarte lejos de la ventana. También es posible que tu decisión dependa de quienes ya están sentados o de quién deseas tener al lado. Todo lo que estás haciendo es examinar las diferentes opciones, analizarlas, compararlas y seleccionar una de ellas basado en tu criterio. Así es el proceso inductivo, involucrado en la toma consciente de decisiones.

El proceso deductivo funciona de manera distinta puesto que no involucra el razonamiento y es muy importante ya que a través de él ocurre la mayor parte de la reprogramación de la mente subconsciente. Podríamos decir que el razonamiento deductivo es justo lo contrario del inductivo. En lugar de reunir datos y de derivar una conclusión general a partir de ellos, el razonamiento deductivo empieza en el otro extremo. Se inicia con una generalización que aceptamos como cierta, después aplicamos esa idea a un caso especifico y la deducción es obvia. Al considerar la premisa mayor y la menor, juntas, generalmente llegamos a la conclusión.

En este proceso, la mente simplemente acepta algunas de las premisas presentadas y llega a ciertas conclusiones basadas en dichas premisas, sin importar si son ciertas o falsas.

Es importante tener en cuenta que los dos tipos de razonamiento tienen una gran desventaja y es que la validez de la deducción o conclusión a la que se llega depende de que las premisas en que se basan sean ciertas.

La hipnosis ha demostrado que el subconsciente utiliza procesos puramente deductivos. En este estado de conciencia alterada el hipnotizador puede hablar directamente al subconsciente de la persona, sin la interferencia de los juicios de la mente racional que se encuentra temporalmente suspendida. La persona bajo hipnosis acepta las sugerencias del hipnotizador, sin razonar sobre ellas, analizarlas o cuestionarlas, lo cual demuestra el estado receptivo, pasivo, no analítico y deductivo de la mente subconsciente.

En términos generales, el proceso deductivo comienza con una premisa que nuestra mente utiliza para derivar en una conclusión. Una premisa es simplemente una afirmación que puede ser falsa o verdadera. También pueden ser dos premisas, una mayor y la otra menor, y una conclusión derivada de las dos. Por supuesto, la conclusión depende de si las premisas son ciertas o no. Esto, a propósito, es conocido en el campo de la lógica como un silogismo.

Un ejemplo es:

**Premisa mayor:**     todos lo perros son mamíferos.

**Premisa menor:**     el pastor alemán en un tipo de perro.

**Conclusión:**     el pastor alemán es un mamífero.

No ha existido un proceso de pensamiento racional para llegar a esta conclusión. Esta es simplemente la deducción lógica de las dos premisas.

Así es como nuestro subconsciente funciona. Cuando el subconsciente acepta ciertas premisas de otras personas, deriva conclusiones y opera basado en ellas, independientemente de que las premisas sean falsas o verdaderas. Obviamente, si le das premisas erradas a tu mente, la conclusión será igualmente errada, lo que, eventualmente, se manifestará en tu vida.

## MENSAJE # 32:

Cuando nuestro subconsciente acepta ciertas premisas de otras personas, deriva conclusiones y opera basado en estas, independientemente de que las premisas sean falsas o verdaderas. Si le das a tu mente premisas erradas, la conclusión será igualmente errada, lo que eventualmente, se manifestará en tu vida.

He aquí algunos de estos silogismos que pueden crear círculos autodestructivos en tu subconsciente:

Ejemplo # 1

**Premisa mayor:**        mi padre es alcohólico.

**Premisa menor:**        yo soy como mi padre.

**Conclusión:**        seguramente, yo seré un alcohólico.

Ejemplo # 2

**Premisa mayor:**    para triunfar en la vida es necesario haber estudiado en la universidad.

**Premisa menor:**    yo no estudié en la universidad.

**Conclusión:**    yo no voy a triunfar en la vida.

Lo peor de todo es que, después que estas creencias limitantes y conceptos negativos se programan en nuestro subconsciente, nuestra mente no tiene otra opción más que actuar basada en ellas, sin importar que tan destructivas sean y sin cuestionar si son ciertas o no.

Por esta razón debemos prestar gran atención a aquellos pensamientos a los que les permitimos que encuentren cabida en nuestro subconsciente. Se ha calculado que un pensamiento genera una energía equivalente a una décima de voltio de electricidad. Sin embargo, esta décima de voltio ejerce una gran influencia sobre nuestras emociones, nuestras acciones y, por supuesto, nuestro destino.

Cuando Ludwig van Beethoven comenzó a quedarse sordo, sus primeros pensamientos y reacciones fueron de desesperanza e, inclusive, hasta consideró posible el suicidio. Sin embargo, rehusó darse por vencido y decidió declararle la guerra al pesimismo. Comenzó a cambiar su manera de pensar y decidió forjar su futuro sin importar los obstáculos y las adversidades que encontrara. El resultado de esta decisión fue la composición de una de sus mejores sinfonías. Un pensamiento puede condicionar nuestra mente de por vida. Una idea limitante puede detenernos para utilizar nuestro verdadero potencial inclusive mucho tiempo después de haber perdido su validez. Mientras que un pensamiento liberador puede conducirnos al éxito, aun en medio de las peores circunstancias. Y es nuestra decisión elegir qué tipo de pensamiento queremos procesar.

Recuerda que toda idea errada, que mantengamos en nuestro subconsciente por largo tiempo y validemos con nuestras acciones, se convierte en una forma de auto hipnosis.

## MENSAJE # 33:

Debemos prestar gran atención a aquellos pensamientos a los que les permitimos que encuentren cabida en nuestro subconsciente. Se ha calculado que un pensamiento genera una energía equivalente a una décima de voltio de electricidad. Sin embargo, esta décima de voltio ejerce una gran influencia sobre nuestras emociones, nuestras acciones y por supuesto, nuestro destino. Un pensamiento puede condicionar nuestra mente de por vida. Una idea limitante, que mantengamos en nuestro subconsciente por largo tiempo y validemos con nuestras acciones, se convierte en una forma de auto hipnosis.

Esto es precisamente lo que le impide a muchas personas triunfar. A través de esta forma de auto hipnosis han archivado en su mente toda una serie de falsas creencias e ideas que quizás en algún momento fueron válidas pero que ya no lo son. Sin embargo, puesto que aún no han sido borradas, continúan ejerciendo su efecto limitante. Funciona exactamente igual que el virus en la computadora del que hablábamos al comenzar este libro. Mientras esté ahí, en tu disco duro o en tu subconsciente, te continuará haciendo daño.

Un ejemplo clásico de esto lo ilustra uno de los primeros experimentos realizados dentro de la ciencia del comportamiento. Un grupo de ratas de laboratorio recibía descargas eléctricas cada vez que trataban de comer de un recipiente que se encontraba en su jaula. Muy pronto, como era de esperarse, las ratas dejaron de acercarse al recipiente de la comida por temor a la descarga eléctrica.

Después de un tiempo, los científicos que llevaban a cabo el experimento realizaron dos cambios importantes. Primero, pusieron en la jaula comida aún más apetecible que la primera y, segundo, desconectaron el circuito que les propinaba la descarga a los animales.

¿Qué sucedió? Que las ratas continuaron evitando la comida por temor a la descarga eléctrica. Debido al condicionamiento negativo del pasado, las ratas prefirieron no comer y, eventualmente, murieron de hambre antes de arriesgarse a acercarse a la comida y recibir otra descarga eléctrica. ¿Te imaginas que sea preferible enfrentar la muerte en lugar de enfrentar la posibilidad de un nuevo fracaso? Si tan sólo las ratas hubiesen intentado una vez más, habrían podido comer hasta la saciedad sin consecuencias negativas; habrían recuperado la fuerza y la salud perdida y habrían retornado a una vida normal, pero ni siquiera lo intentaron.

Si este experimento te parece cruel es aún más cruel que muchas personas vivan hoy esta misma realidad. Al igual que las desdichadas ratas de laboratorio, muchas personas han permitido que las programaciones negativas, las caídas anteriores, las críticas o fracasos del pasado las disuadan de aspirar a algo mejor. Ellas se han autoprogramado o han sido programadas por sus padres, profesores, familiares, amigos o, incluso, por perfectos desconocidos, para creer que son personas comunes y corrientes y por eso hoy les resulta difícil creer que poseen el potencial necesario para triunfar.

### MENSAJE # 34:

Muchas personas han permitido que las programaciones negativas del pasado, que las caídas anteriores, las críticas o fracasos del pasado las disuadan de aspirar a algo mejor. Ellas se han autoprogramado o han sido programadas por sus padres, profesores, familiares, amigos o, incluso, por perfectos desconocidos, para creer que son personas comunes y corrientes y por eso hoy les resulta difícil creer que poseen el potencial necesario para triunfar.

Es como si los fracasos del pasado hubiesen cerrado para siempre las puertas de la oportunidad de éxitos futuros. Sin embargo, ten presente que el futuro no tiene que ser igual al pasado. Tú siempre puedes cambiar, aprender y crecer. Tristemente, cuando la mayoría de nosotros nos graduamos de la escuela secundaria ya estamos casi que totalmente programados para la mediocridad. Sé que suena duro pero es cierto y, lo peor de todo, es que de ahí en adelante nos acompaña una tendencia casi inalterable a aceptar la mediocridad en todas las áreas de nuestra vida.

Expresiones como:

— Odio mi profesión, pero hay que dar gracias de que por lo menos tengo trabajo.

— Soy infeliz en mi matrimonio, pero por lo menos no nos peleamos todos los días.

— No tendremos mucho, pero al menos no nos falta de comer.

— Apenas pasé el curso, pero por lo menos no reprobé. Quizás es hora de aceptar que no soy tan inteligente como los demás.

Todas estas expresiones denotan una aceptación de la mediocridad como alternativa viable. Terminamos por aceptar matrimonios que andan bien en lugar de buscar una relación de pareja espectacular, porque desde pequeños aprendimos que los matrimonios espectaculares no existen, son casi imposibles o, si se dan, otra cosa seguramente va a andar mal. Y así muchas parejas viven durante años y hasta décadas dentro de matrimonios mediocres porque no creen que pueda hacerse algo para cambiar la situación.

Si desde temprana edad escuchaste en tu casa que querer tener más era señal de codicia y producía infelicidad y que lo más prudente era contentarse con lo poco que uno tenía, porque es mejor tener poco y ser feliz que querer tener mucho y ser infeliz, pues que no te sorprenda que hoy tengas poco. La repetición constante de expresiones como estas se convierten rápidamente en programas mentales que dirigen tu manera de pensar y actuar. Y recuerda que el hecho de que tus padres hayan elegido vivir su vida de acuerdo a estas premisas limitantes no significa que tú debas hacer lo mismo.

Reta toda creencia que exista en tu vida. No aceptes limitaciones sin preguntarte si son ciertas o no. Recuerda que

siempre serás lo que creas ser. Si crees que puedes triunfar, seguramente lo harás. Si crees que no lo lograrás, ya has perdido.
Es tu decisión.

### Mensaje # 35:

Tu futuro no tiene que ser igual al pasado. No permitas que
los fracasos del pasado cierren para siempre las puertas a la
oportunidad de conseguir éxitos futuros. Tú siempre puedes
cambiar, aprender y crecer. Reta toda creencia que exista en
tu vida. No aceptes limitaciones sin preguntarte si son ciertas
o no. Recuerda que siempre serás lo que creas ser. Si crees
que puedes triunfar, seguramente lo harás. Si crees que no lo
lograrás, ya has perdido. Es tu decisión.

# APRENDIENDO EL LENGUAJE DEL CEREBRO

La imaginación es más importante que el conocimiento. Muchas de las ideas que vinieron a mí y contribuyeron a mi formación científica, llegaron mientras me encontraba absorto en un mundo de imaginación y fantasía, no mientras utilizaba mi intelecto en la solución de algún problema.

—Albert Einstein

Aun en esta era de mensajes instantáneos, correos electrónicos, telefonía celular y los chats en el ciberespacio, la comunicación más importante es la que ocurre en el interior de tu mente, porque de ella depende en gran parte el éxito que experimentes en tu vida. Por esta razón es vital aprender el lenguaje del cerebro.

En el capítulo anterior veíamos cómo nuestro lenguaje y nuestras expresiones programan nuestro subconsciente y moldean nuestra vida. Pero, ¿cómo ocurre esta programación a nivel mental? ¿Piensa tu cerebro en imágenes o en palabras? ¿Qué papel juegan las emociones? ¿Cómo interpreta el cerebro las palabras que utilizamos en el lenguaje cotidiano? ¿Cómo podemos utilizar la programación neurolingüística para mejorar nuestras relaciones con otras personas? Estas son algunas de los interrogantes que trataré de responder en este capítulo.

La comunicación interna ocurre de las siguientes maneras: Verbal, sensorial y emocional. El modo verbal es el más común y es al que nos hemos referido hasta ahora como al diálogo interno. Es la misma clase de comunicación utilizada cuando leemos un libro. El proceso de leer involucra mirar, identificar e interpretar las palabras escritas y repetirlas en el interior de nuestra mente. Es como, si en lugar de ser la persona para quien el mensaje fue escrito, nuestro papel fuera el de intermediario que asimila el mensaje en su forma escrita y lo traduce a una forma auditiva para transmitirlo al interior de nuestra mente. Por supuesto, esto supone conocer previamente el significado de dichas palabras.

¿Cómo ocurre este diálogo interno y cómo se lleva a cabo la programación de nuestro subconsciente antes de aprender el lenguaje? A través de las otras dos formas de comunicación: la sensorial y la emocional.

El modo sensorial refleja la capacidad con que cuenta el cerebro para traducir a imágenes visuales, auditivas, gustativas, táctiles y odoríficas ciertas ideas expresadas a través de las palabras. Cuando ves la palabra avión es posible que nada se te venga a la mente. Sin embargo, cuando la repites, ya sea en voz alta o mentalmente, tu cerebro no sólo visualiza las letras a-v-i-o-n dibujadas con grandes letras de neón en el telón de la mente subconsciente. Esta vez tu cerebro también visualiza o imagina un avión. Lo mismo sucede cuando repites cualquier palabra que describe un objeto o una idea para la cual ya tienes un equivalente visual guardado en tu subconsciente. Si pronuncias una palabra cuyo significado ignoras, en un idioma que no dominas o que escuchas por primera vez, tu mente no puede traducirla a ninguna imagen.

Lee las siguientes expresiones y verás cómo es posible traducirlas a imágenes visuales, gustativas, táctiles, auditivas y odoríficas, casi instantáneamente:

— ¿Puedes oler el pan recién salido del horno?

— ¿Puedes oír la voz de tu mamá o la sirena de una patrulla de la policía?

— ¿Puedes saborear una naranja recién cortada?

— Imagínate metiendo el pie en un cubo de agua helada. ¿Puedes sentir el agua helada contra tu piel?

Si no tuviste ningún problema para percibir las imágenes que te acabo de describir fue gracias a la ayuda de tu pensamiento sensorial.

Seguramente también descubriste que es posible ver ciertas imágenes en tu mente con mayor facilidad que otras. Esto no es coincidencia; en tu cerebro el sentido de la vista posee el área más grande de todos los sentidos. Tu cerebro puede traer nuevamente a tu consciente todo tipo de imágenes sensoriales que se encuentren en tu subconsciente y que son el resultado de experiencias pasadas, reales o imaginarias.

Tu mente puede recordar experiencias pasadas y permitirte experimentarlas nuevamente con sorprendente nitidez. Es increíble, pero, después de casi diez años, aún puedo recordar la tersura de la piel de mi primer hijo cuando nació. Puedo recordar su olor y el color de su piel en aquel preciso instante. Recuerdo haberle besado en la frente y haber percibido un olor particular, difícil de describir, pero fácil de recordar, gracias, en parte, a la ayuda de la memoria sensorial.

## MENSAJE # 36:

Tu mente puede recordar experiencias pasadas y permitirte experimentarlas con sorprendente nitidez. Tu cerebro puede traer nuevamente a tu consciente todo tipo de imágenes sensoriales que se encuentren en tu subconsciente y que son el resultado de experiencias pasadas, reales o imaginarias.

El último modo de comunicación es el emocional. Hay una pequeña araña negra, venenosa, a punto de saltar en la parte de atrás de tu cuello.

¿Qué nos sucede al leer esta oración? Verbalizamos la idea y su significado es inmediatamente traducido a imágenes visuales, evaluamos estas imágenes tomando como punto de referencia la información ya contenida en nuestro subconsciente. Para esto, buscamos en sus archivos todo lo que allí se encuentre relacionado con las arañas: experiencias pasadas en que se hayan involucrado arañas, lecturas que hicimos sobre el tema, cosas que sobre ellas aprendimos en la escuela e, inclusive, imágenes que vimos y cómo nos sentimos frente a ellas, independientemente de que hayan sido ficción o realidad. Todo esto evidencia que estamos pensando emocionalmente.

¿Qué piensas tú de las arañas? ¿Las crees peligrosas? ¿Qué sentimientos has almacenado para experimentar acerca de las arañas? Lo importante para tener en cuenta es que independientemente de cuáles sean estos sentimientos, tú no has nacido con ellos. Son el resultado de programar tu mente o permitir que otra persona lo haga, con ideas precisas, ciertas o erradas, acerca de las arañas. En otras palabras, has nacido con la habilidad de experimentar emociones, pero has aprendido a asociar ciertas emociones con personas, ideas, lugares, objetos o sucesos.

Así que estas son las tres modalidades de pensamiento que has utilizado para programar todo aquello que se encuentra en tu mente subconsciente, y son las mismas formas que utilizarás para reprogramarla con las ideas de éxito, valores y principios que te ayudarán a triunfar y utilizar tu potencial al máximo. Tú has sido el encargado de desarrollar todas las actitudes que hoy reposan en tu subconsciente. Nadie más las ha puesto ahí; tu autoprogramación anterior ha sido la responsable por todas y cada una de las creencias, ideas y actitudes que han forjado a quien hoy eres. Independientemente de si estas actitudes te han beneficiado o perjudicado, ha sido tu decisión darles cabida y albergarlas en tu mente. La buena noticia es que si estas no son las actitudes que deseas experimentar en tu vida y quieres cambiarlas también está en tus manos hacerlo.

## Mensaje # 37:

Tú has sido el encargado de desarrollar todas las actitudes que hoy reposan en tu subconsciente. Nadie más las ha puesto ahí, tu autoprogramación anterior es la responsable por todas y cada una de las creencias, ideas y actitudes que han forjado a quien hoy eres. Independientemente de si estas actitudes te han beneficiado o perjudicado, ha sido tu decisión darles cabida y albergarlas en tu mente. La buena noticia es que si estas no son las actitudes que deseas experimentar en tu vida y quieres cambiarlas también está en tus manos hacerlo.

¿Cómo cambias o reconstruyes una actitud en tu mente? Imagínate que en ella posees una balanza. Uno de los platos de esta balanza contiene toda la información positiva acerca de determinada actitud o idea y, el otro, toda la información negativa. Sólo el modo emocional, discutido anteriormente, logra agregar peso a cualquiera de los dos platos. Y este peso depende de la carga o la intensidad emocional asociada con la idea o experiencia que deposites en cualquiera de ellos.

Por ejemplo, si hasta este momento has vivido con la creencia de que tú no eres muy bueno para las matemáticas y no te ha ido bien en ninguna prueba o examen que hayas efectuado en los últimos años, es factible pensar que, en tu balanza mental, por lo que respecta a las matemáticas, el plato positivo tiene poco o nada sobre él, mientras que el negativo está repleto. Vamos a suponer que hoy debiste hacer otro examen y que, para satisfacción tuya, obtuviste una muy buena calificación.

Indudablemente, este hecho va a agregar un peso a uno de los dos platos de tu balanza mental. Es de suponer que, al haber obtenido una buena calificación, dicho peso irá hacia al plato positivo. No obstante, como dije antes, el factor determinante en la nueva actitud que se generará en tu mente respecto a tu relación con las matemáticas no depende tanto del resultado obtenido como del contenido emocional que acompaña a dicho resultado.

Si tu interpretación es: "esto fue sólo suerte, con seguridad nunca más volverá a suceder", entonces, incluso este resultado positivo irá a parar al plato negativo de tu balanza y no logrará efectuar un cambio en tu actitud. Pero si, por el contrario, tu interpretación del resultado es: "¡Fantástico! Finalmente he vencido el mito de que no era bueno para las matemáticas. De ahora en adelante las cosas serán distintas", este contenido emocional hará que esta información vaya al plato positivo de tu balanza y comiences a cambiar tu actitud y tus creencias en lo que respecta a esta área de tu vida.

Como ves, todo depende del contenido emocional que contengan las palabras que utilizas en tu diálogo mental. Por ejemplo, a las palabras acoso sexual le hemos asignado una carga emocional negativa muy fuerte, mientras que la palabra amor tiene una connotación positiva. De esta manera, el constante flujo de palabras, ideas y pensamientos que contengan una intensa carga emotiva, eventualmente construyen y forjan actitudes fuertes con respecto a estas palabras e ideas. Mientras que para una persona la idea de poseer mucho dinero puede parecer detestable y repugnante, para otra, esta misma idea será agradable y motivadora. La diferencia entre estas dos actitudes no ha sido más que el contenido emocional que cada una de estas personas le ha atado a dicha expresión.

## LA INCAPACIDAD DEL CEREBRO PARA ENTENDER LA PALABRA "NO"

Una de los descubrimientos más sorprendentes acerca del lenguaje mental es que nuestro cerebro tiende a ignorar la palabra "no". Tú estarás pensando: "¿Cómo que el cerebro no entiende la palabra no? Yo entiendo la palabra no". ¡Claro! Lo que sucede es que como el cerebro piensa en imágenes, cuando utilizas una oración en la que se encuentra la palabra "no", lo único que consigues es dibujar en la mente lo que se pretendía negar.

Esto es evidente con los niños, que es con quienes más utilizamos esta palabra. Si un niño está gritando y le dices: "No grites", muy probablemente lo seguirá haciendo. Cuando le dices: "No des portazos", es como si le hubieses dado una orden directa para que dé un portazo.

Si aún no lo crees, déjame pedirte que realices el siguiente ejercicio.

Quiero que tomes un momento e imagines un árbol. Piensa en un árbol cualquiera y recréalo claramente en tu mente. Para de leer por unos segundos mientras lo haces. Ahora, al continuar leyendo, trata de mantener esta imagen presente en tu mente. Quiero que veas frente a ti ese árbol verde y frondoso. Concéntrate en ese árbol, mira sus ramas y hojas verdes.

Ahora, quiero que no veas una manzana roja en ese árbol. ¡No veas una manzana roja! Para asegurarte que estás bien concentrado, deja de leer nuevamente y, una vez que termines este párrafo, cierra los ojos y concéntrate nuevamente en el árbol verde y frondoso, teniendo mucho cuidado de no ver una manzana roja en él. No veas una manzana roja. Vamos cierra el libro y haz un esfuerzo.

Ahora quiero hacerte una pregunta, ¿por casualidad viste una manzana roja colgando del árbol? Seguramente así fue, ¿no es cierto? ¿Por qué sucede esto? Las instrucciones fueron claras: ¡No veas una manzana roja! Es muy sencillo, puesto que el cerebro piensa en imágenes, él simplemente se enfoca en la parte positiva de dicha orden y elabora su imagen ignorando la palabra "no".

¿De qué nos sirve esto? Porque no quiero que esto simplemente se convierta en un truco con el que vas a impresionar a tus amigos. Lo cierto es que saberlo nos sirve de mucho. Para empezar, cuando estés fijando tus metas, evita utilizar la palabra "no". Si una de tus metas es dejar de fumar, deja de decir "no quiero fumar más", porque tu cerebro sólo escuchará, "quiero fumar más" y creará imágenes donde te veas fumando. Utiliza términos que dibujen las imágenes de los resultados que deseas obtener. En lugar de decir, "no quiero fumar más" puedes decir algo como "gozo de una salud óptima, amo tener mis pulmones limpios y poder respirar profunda y fácilmente".

¿Te das cuenta de la enorme diferencia que hay en las imágenes que creas en tu mente cuando lees y pronuncias estas palabras? Y cada vez que lo digas será más fácil visualizarlo.

Alguna vez un participante en uno de mis seminarios me preguntó: "¿Pero, cómo puedo decir eso si aún no he dejado de fumar?" No importa, le respondí, si lo comienzas a decir, crearás un conflicto en tu mente, ya que le estarás presentando una nueva imagen, a pesar de que tus acciones no están siendo consistentes con este nuevo programa mental. Tu mente odia esta clase de conflictos y hará cuanto sea necesario para ayudarte a que tu realidad exterior sea consistente con tu realidad interior y con las metas que te hayas propuesto. ¡Hazlo! Es así de simple, pero tienes que persistir en tus afirmaciones y al mismo tiempo tienes que querer ayudarte, cambiando tu comportamiento.

## MENSAJE # 38:

Al momento de fijar metas, evita utilizar la palabra "no". Si una de tus metas es dejar de fumar, deja de decir "no quiero fumar más", ya que tu cerebro sólo escuchará "quiero fumar más" y creará imágenes donde te veas fumando. Al utilizar el "no", lo único que harás es reforzar la acción que quieres evitar. Utiliza términos que dibujen las imágenes de los resultados que deseas obtener. En lugar de decir "no quiero fumar más", puedes decir algo como "gozo de una salud óptima, amo tener mis pulmones limpios y poder respirar profunda y fácilmente".

Otra situación que debes tener en cuenta con el uso de la palabra "no" ocurre cuando le enseñas a tus hijos. Si le dices a tu hijo "no debes correr por la casa", ¿qué imagen dibuja esta orden en la mente del niño? Correr por la casa, ¿no es cierto? Y este es precisamente el comportamiento que deseas cambiar. Así que en lugar de cambiarlo, inconscientemente lo estás reforzando en la mente del niño, ya que estás ayudando a mantener esta imagen. En lugar de decir eso di algo así como "quiero que camines despacio cuando estés dentro de la casa". Esta nueva orden no sólo dibuja una imagen totalmente distinta a la anterior, sino que le permite al niño visualizar lo que tú deseas que ocurra. ¿Ves la enorme diferencia que logra el diálogo interno adecuado?

Finalmente, cuando estés practicando mentalmente algo que vas a realizar, no utilices el "no", porque lo único que harás será reforzar la acción que quieres evitar. Antes de entrar a tu entrevista, cambia el "ojalá no me ponga nervioso" por un "me siento calmado y seguro".

No permitas que tu diálogo interno se convierta en un obstáculo en tu camino hacia el logro de tus sueños.

## EL PODER DE LAS AUTOAFIRMACIONES

Las afirmaciones son frases positivas, expresadas con fuerza y convicción, sobre algo que verdaderamente deseas manifestar en tu vida. No son la solución a todos los problemas, pero utilizadas de manera correcta pueden ser de gran ayuda. Tú no vas a solucionar un problema de sobrepeso, simplemente repitiendo: ¡Soy delgado, soy delgado, soy delgado! No importa que tanto te concentres o con cuanto entusiasmo lo digas; si comes sin control y no haces ejercicio; todo seguirá igual y tus autoafirmaciones no servirán de nada.

Quizás por ello es que muchas personas piensan que las afirmaciones no sirven para nada, que es mejor ser realistas y aceptar las cosas tal como son. Pero lo cierto es que grandes triunfadores como Benjamín Franklin, por ejemplo, utilizaron las afirmaciones para mejorar su calidad de vida. Franklin tenía afirmaciones positivas acerca de las virtudes que deseaba desarrollar en su vida. Él escribía pequeños recordatorios o frases motivacionales acerca de estas virtudes y las ponía dentro de su reloj de bolsillo, de tal manera que cada vez que consultara la hora encontrara un recordatorio para mejorar su vida.

Franklin es conocido por ser uno de los promotores de la independencia de Estados Unidos. También es célebre por sus trabajos científicos. Su más famoso experimento fue el de la llave atada a la cuerda de una cometa que realizó para estudiar la naturaleza de la electricidad. Se desempeñó en el campo periodístico y fundó la Gaceta de Filadelfia. En fin, fue un hombre de muchos intereses, que buscó cosechar éxitos tanto para su propio beneficio como para el de los demás.

Pero su historia no siempre fue de éxito. Su vida se había visto plagada de frustraciones y sueños fallidos como resultado de los errores y de las falsas creencias de su juventud. Eventualmente, cuando estaba cerca de los 30 años de edad, en un momento de gran frustración que lo llevó a reflexionar acerca de su vida, se dio cuenta de la falta de dirección que había en ella. Así que, armado de valor y decisión, Franklin comenzó con un proceso de autoanálisis sobre sus metas y sobre la necesidad de romper con los viejos hábitos que le impedían alcanzar su verdadero potencial y crear nuevos hábitos de éxito.

Él comprendió que, si de verdad deseaba realizar un cambio profundo en sí mismo y en el mundo que lo rodeaba, como él ya lo sentía internamente, debía buscar que existiera en su vida un estado de mayor correspondencia entre sus acciones, sus hábitos y los valores que debían guiar su vida. Franklin utilizó las afirmaciones positivas y el diálogo interno para interiorizar estos nuevos principios de éxito que lo convirtieron en uno de los hombres más influyentes de su época. Él sabía que una afirmación expresada con convicción y entusiasmo tenía la capacidad de programar la mente y crear una nueva realidad de vida.

Y tú puedes hacer lo mismo. La decisión es tuya, ¿vas a utilizar tu diálogo interno para crear limitaciones en tu vida o lo vas a utilizar para crear oportunidades? Porque él influirá en ti y te afectará mucho más de lo que te imaginas y no hay nada que puedas hacer para evitarlo. La opción que sí tienes es escoger entre utilizarlo como una herramienta de programación positiva o como un arma de autosabotaje.

## Mensaje # 39:

Nuestro diálogo interno influirá en nosotros y nos afectará mucho más de lo que podemos imaginarnos y no hay nada que podamos hacer para evitarlo. La opción que sí tenemos es escoger entre utilizarlo como una herramienta de programación positiva o como un arma de autosabotaje. Recuerda que nuestra personalidad se forma como resultado de todo aquello que se nos dice mientras crecemos, independientemente de si es cierto o no.

Hace algún tiempo, en un seminario sobre el desarrollo de la autoestima, el doctor Alan Zimmerman, del Management Center de la ciudad de Mineapolis, en los Estados Unidos, realizó un experimento que dejó muy en claro el poder de las autoafirmaciones.

El doctor Zimmerman pidió a un joven de la audiencia que saliera al frente y extendiera sus brazos hacia los lados, y los sostuviera en dicha posición lo más rígido posibles, mientras él trataba de empujarlos hacia abajo. Con cierta dificultad, logró moverlos unos pocos centímetros. Lo que buscaba era tener una idea clara de la fuerza que este joven tenía en sus brazos.

Posteriormente, le pidió al joven que durante unos 30 segundos repitiera en voz alta una serie de afirmaciones negativas como: ¡Soy feo! ¡Soy un perdedor! ¡Soy un estúpido! ¡No sirvo para nada!, y otras cosas por el estilo. Inmediatamente después le pidió al joven sostener nuevamente sus brazos extendidos y rígidos, y de nuevo comenzó a empujarlos hacia abajo. Lo sorprendente es que esta vez logró doblar los brazos de aquel joven con una facilidad impresionante.

Todo lo que se necesitó fueron 30 segundos de programación negativa para afectar la autoestima de este joven al punto tal que perdió inclusive su fuerza física. Mi espíritu científico me obligó a probar personalmente estos experimentos y lo hice en una de mis presentaciones. Los resultados fueron exactamente los mismos. Yo sabía el efecto que las afirmaciones negativas podían tener sobre la actitud de una persona, pero me impresionó ver lo que podían hacer sobre el nivel energético del cuerpo.

## Utilizando el poder del diálogo positivo

¿Qué puedes hacer con esta información? Comienza por cambiar las afirmaciones negativas que has utilizado hasta el momento, por afirmaciones positivas que dibujen en tu mente los resultados que deseas obtener. Debes formularlas en presente, como si ya estuvieran ocurriendo o fueran a ocurrir en un futuro inmediato. Recuerda que cuentas en este momento con todo lo que necesitas para triunfar. Tú tienes que creer esto. Esta es la única manera como puedes utilizar el poder que se encuentra guardado en el interior de tu subconsciente.

Si estás seriamente interesado en descubrir cómo utilizar este poder, los siguientes pasos te ayudarán a redireccionar tu diálogo interno:

1. Toma unos minutos para examinar algunas de las expresiones que sueles utilizar con mayor frecuencia, especialmente aquellas que te están limitando y debilitando. Escríbelas y léelas un par de veces. Examina cada expresión y piensa si estas afirmaciones te están ayudando o perjudicando. Cuestiona si están contribuyendo a construir una mejor autoestima o si te están debilitando como persona.

2. Analízalas y trata de descubrir por qué comenzaste a utilizarlas. ¿Cómo llegaron estas ideas a ser parte de tu diálogo interno? ¿Quién las puso en tu mente? ¿Qué propició el que comenzaras a sentirte de esa manera?

## Mensaje # 40:

Debes deshacerte de todas aquellas afirmaciones negativas que has venido utilizando y reemplazarlas por afirmaciones positivas que dibujen en tu mente los resultados que deseas obtener. Debes formularlas en presente, como si ya estuvieran ocurriendo o fueran a ocurrir en un futuro inmediato. Recuerda que cuentas en este momento con todo lo que necesitas para triunfar. Tú tienes que creer esto. Esta es la única manera como puedes utilizar el po-der que se encuentra guardado en el interior de tu subconsciente.

Te vas a sorprender de la manera tan absurda en que muchas de estas ideas que nos limitan han llegado a nuestra mente. Quizás fue un amigo de la escuela a quien admirabas quien te dijo que no servías para nada, y tú has vivido con esa idea enterrada en tu subconsciente. Es posible que hoy, esa misma persona, ya no sea tu amigo, o sea una persona inestable, incapaz de mantener un trabajo por más de seis meses desde que salieron de la escuela y sea él quien no ha logrado mucho con su vida. Pero absurdamente tú aún sigues guardando esta idea en tu subconsciente.

Imagínate lo que habría sucedido si Albert Einstein hubiese escuchado a aquel médico que lo diagnosticó como retrasado mental debido a su aparente dificultad para articular las palabras o al profesor que lo criticaba por sus continuas ausencias de la realidad durante la clase y sugirió a sus padres que lo sacaran de la escuela ya que era una distracción para los demás alumnos. Nadie recuerda el nombre o los logros de aquellas dos personas, pero todos sabemos quien fue Albert Einstein y cuales fueron sus contribuciones en el campo de la ciencia. Así que la próxima vez que alguien emita una crítica acerca de tus habilidades no te apresures a aceptarla sin cuestionar su validez.

3. Pregúntate si estas afirmaciones, que son parte de tu diálogo interno, son ciertas o simplemente son de esas expresiones que se dicen muchas veces sin saber por qué. De igual manera, examina si aún tienen alguna validez.

Es posible que la razón por la cual tu profesor de cuarto grado te decía que "tú eres la persona menos creativa del mundo" era porque en realidad a los 10 años eras muy poco creativo, pero eso fue hace más de 20 años. Entonces, ¿por qué permites que hoy, siendo todo un profesional, cuando alguien te pide en tu trabajo que desarrolles una nueva campaña de mercadeo, esa idea que ha reposado en tu mente desde que tenías 10 años te paraliza y sabotea tus posibilidades de triunfar? Te aseguro que si realizas este ejercicio, te vas a deshacer de la mitad de tus limitaciones.

4. El cuarto paso es el más importante. Programa tu subconsciente para que elimines estas expresiones de tu vocabulario. ¿Cómo? Tomando la decisión de no volver a utilizarlas, teniendo cuidado con la manera como te expresas y, si un día sin querer repites alguna de estas expresiones, corrígete inmediatamente.

5. Escribe una expresión que reafirme tu verdadero potencial y dibuje las imágenes mentales que quieres ver. Si la idea que siempre sabotea tu éxito es "no soy nada creativo", y estas son las primeras palabras que salen de tu boca siempre que

alguien te pide que crees algo, entonces, detén ahora mismo este autosabotaje y con solemnidad proclama: "Desde este momento dejaré de utilizar esta excusa" y te inventas una expresión que reemplace la primera. Algo así como: "¡Soy una persona creativa! No un poco creativo, sino muy creativo... Tengo excelentes ideas y disfruto creando nuevos conceptos".

Muchas veces, realizar este ejercicio es suficiente para deshacernos de nuestras limitaciones. Es posible que todo esto suene tan simple y tan extraño que creas que no va a funcionar. Hazlo de todas maneras. Si lo haces, tienes fe en que funcionará y te das tiempo para cambiar, te puedo asegurar que cambiarás.

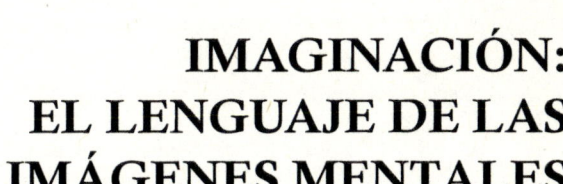

# IMAGINACIÓN:
# EL LENGUAJE DE LAS
# IMÁGENES MENTALES

Las palabras, ya sean habladas o escritas,
no parecen jugar ningún papel en el mecanismo
de formación de mis pensamientos. El lenguaje
que parece prevalecer en la articulación
de pensamientos son ciertos símbolos
e imágenes que pueden ser reproducidas
y combinadas a voluntad.

—Albert Einstein

Muchos científicos han llegado a aceptar que las imágenes constituyen la mayor parte del contenido de nuestro pensamiento. A pesar de que en él existen las palabras y otros símbolos abstractos, la realidad es que estas palabras y símbolos son expresiones que pueden convertirse en imágenes. De hecho, la gran mayoría de las palabras que utilizamos en nuestro diálogo interno, antes de expresar una idea de manera hablada o escrita, existen sólo como una imagen visual o auditiva en nuestro consciente.

Debemos tener en cuenta que las imágenes juegan un papel muy importante en el logro de nuestras metas o en el condicionamiento de comportamientos autosaboteadores que nos conducen al fracaso.

## EL CEREBRO PIENSA EN IMÁGENES Y NO EN PALABRAS

Hace algún tiempo tuve la oportunidad de participar en un seminario con Zig Ziglar en el que él dijo: "tú nunca conseguirás alcanzar aquello que quieres... Tú solo lograrás alcanzar aquello que puedas visualizar claramente". Escucha bien: "nunca conseguirás tener aquello que quieres, sólo conseguirás aquello que puedas visualizar". Quiero que pienses en esta idea por un momento, porque cuando yo la escuché por primera vez, debo confesarte que no le encontraba mucho sentido.

No obstante, después de observar a aquellas personas que han logrado materializar sus sueños y luego de hablar con muchas de ellas, me he dado cuenta que todas tenían algo en común: una visión clara de lo que querían alcanzar, habían creado una imagen precisa de sus sueños y sus metas y podían visualizarse claramente logrando dichas metas.

Este poder de la visualización desempeña un papel importante en el funcionamiento de nuestra mente y nuestro cerebro. Estoy totalmente convencido de que la fe en nuestro éxito, nuestro coraje y habilidad para tomar decisiones e identificar oportunidades, también dependen en gran medida de la claridad con que podamos visualizar nuestras metas, sueños y éxito en general. La visualización es una de las herramientas más valiosas en el camino hacia la realización de tus sueños y este proceso comienza precisamente con tu diálogo interno.

De acuerdo con el doctor Karl Pribram, director del departamento de neurosicología de la universidad de Stanford, quien es uno de los más reconocidos expertos mundiales en lo que respecta a las diversas funciones del cerebro, el poder de este diálogo interno; el poder de los pensamientos, de las ideas y, en general, de las palabras, radica en que estas son traducidas a imágenes antes que el cerebro pueda interpretarlas; imágenes que tienen un gran poder sobre nuestras emociones, nuestras acciones y hasta sobre nuestro organismo.

El cerebro no sólo logra traducir a imágenes las palabras sino que lo hace utilizando ideas e imágenes que ya se encuentran en los archivos de la memoria y que pueden tener un significado especial para ti. Si digo "casa" quizás imagines la tuya. Si digo la palabra "niño" es posible que no veas a cualquier niño sino tal vez a tu hijo, a tu sobrino o a un niño que es alguien especial en tu vida.

### Mensaje # 41:

La visualización desempeña un papel importante en el funcionamiento de tu mente y tu cerebro y puede llegar a ser una de las herramientas más valiosas en el camino hacia la realización de tus sueños. El poder de los pensamientos, las ideas y en general de las palabras, radica en que estas son traducidas a imágenes antes que el cerebro pueda interpretarlas; imágenes que tienen un gran poder sobre nuestras emociones, acciones y hasta sobre el organismo.

El cerebro también puede dibujar imágenes mentales, independientemente de si estas tienen sentido o no. ¿Qué imagen dibujas en tu mente al leer las palabras, elefante amarillo con alas rosadas?

Probablemente no necesitaste más de unas décimas de segundo para convertir en una imagen clara estas palabras, aunque conscientemente sepas que la imagen como tal no tiene ningún sentido o no representa algo que exista en el mundo real. No importa qué tanto quieras rehusarte a pensar en algo sin sentido como esto; en el preciso instante en que permites que la expresión llegue a tu mente, ella se encarga de traducirla a la que considere la mejor imagen para representar dichas palabras.

## Cuando dibujamos imágenes mentales que limitan nuestro potencial

Como mencioné en el capítulo cuarto, la persona promedio habla consigo misma alrededor de 14 horas diarias. Lo más sorprendente es que varias investigaciones han mostrado que más de 80% de este diálogo interno es negativo, pesimista, contraproducente y, seguramente, nos impide utilizar nuestro verdadero potencial.

Leíste bien, la gran mayoría de nosotros nos encargamos de sabotear nuestro propio éxito con nuestro diálogo interno; estudiantes que van a presentar un examen o una prueba con la seguridad de que no la van a aprobar; personas que se presentan a una entrevista de trabajo con la absoluta certeza de que no serán aceptados; vendedores que visitan a sus clientes para presentarles un nuevo producto, pero inconscientemente están seguros que serán rechazados.

Tan absurdo como pueda parecer, muchas personas emplean gran parte del día pensando en cientos de problemas que aún no han sucedido, pero pueden llegar a suceder, repasando mentalmente sus debilidades, recordando errores pasados y caídas, ensayando una y otra vez los fracasos que desesperadamente buscan evitar, o peor aún, interiorizando falsas creencias acerca de su propio potencial. Es increíble que tantas personas sean víctimas de este comportamiento irracional. Emplean casi la mitad de su día propinándose penosos castigos mentales que lo único que logran es mantenerlas atadas a la mediocridad de la cual quieren salir.

Un ejemplo sobre cómo nuestra mente puede convertirse en nuestro peor enemigo es observando lo que sucede habitualmente cuando estamos empeñados en que algo salga excepcionalmente bien. Generalmente, comenzamos a pensar en lo que tenemos que hacer para que todo salga bien y, de paso, pensamos en todo lo que no debemos hacer. Lo curioso es que entre más pensamos en lo que no debemos hacer, más fuerza gana esta imagen en nuestra mente. Es como si entre más dijéramos "no podemos equivocarnos en tal cosa", más nos visualizáremos equivocándonos. Y de repente nos invade el pánico ante la inminente posibilidad de equivocarnos, que ahora aparece más real que nunca.

## Mensaje # 42:

Muchas personas emplean gran parte del día pensando en cientos de problemas que aún no han sucedido, pero pueden llegar a suceder, repasando mentalmente sus debilidades, recordando pasados errores y caídas, ensayando una y otra vez los fracasos que desesperadamente buscan evitar, o peor aún, interiorizando falsas creencias acerca de su propio potencial. Y lo único que logran todos estos penosos castigos mentales es mantenerlos atados a la mediocridad de la cual quieren salir.

Es común ver este comportamiento entre las personas que deben hablar en público. En cierta ocasión, en una de mis conferencias sobre la comunicación efectiva, le dije a la audiencia que en unos minutos iba a escoger a una persona para pasara al frente a hablarnos sobre lo que hacía. Después de unos minutos comencé a caminar hacia ellos, pretendiendo buscar el afortunado voluntario que tendría que hablar ante las 600 personas que se encontraban presentes. Después de un momento, paré la búsqueda y anuncié que no llamaría a nadie y que mi verdadero propósito era que analizáramos las reacciones iniciales que experimentaron en su mente cuando hice el anuncio.

Algunas personas confesaron estar felices de poder participar y hasta levantaron la mano para que las escogiera a ellas. Sin embargo, muchos confesaron que habían comenzado a rezar para que no lo hiciera y algunos experimentaron tal estado de pánico que llegaron a pensar en retirarse del salón, inventarse una salida repentina al baño o esconderse bajo su mesa.

A estas personas les pregunté: "¿qué pasó por tu mente cuando hice aquel anuncio?" Algunos me confesaron que inmediatamente después de haberlo escuchado, ya habían construido imágenes en su mente en las que veían sus piernas temblando, sus manos sudorosas y sus rostros pálidos. Se veían hablando incoherentemente ante 600 extraños, olvidando hasta su nombre sin encontrar cómo articular la más sencilla de las ideas. Algunos describían cómo, entre más se repetían a sí mismos "no me van a temblar las piernas, no me van a temblar las piernas", más veían sus piernas temblando.

No sé si te has visto alguna vez en una situación similar, cuando debido al diálogo interno errado, tú mismo te has encargado de colocar en tu mente programas mentales que te limitan, te paralizan y te hacen sentir incapaz, creando en ti una pobre autoestima.

Así que vale la pena detenernos a pensar qué clase de imágenes estamos dibujando en nuestras mentes y en las mentes de los demás y las palabras que utilizamos como parte de nuestro diálogo interno y externo. Si le decimos a un niño que es "un fracasado" o "un bueno para nada", ¿qué clase de imágenes formará este niño en su mente?, y, más importante aún, ¿cómo lo afectarán dichas imágenes? Muchos padres prestan poca atención a esto sin pensar que sus palabras son órdenes que tienen la capacidad de programar la mente de sus hijos.

Así que mantén siempre presente la relación palabra-imagen, porque esta relación te afecta y muchas veces puede ser la semilla de una pobre autoestima. Muchas personas generan imágenes internas de fracaso y escuchan voces interiores que les recuerdan constantemente sus debilidades; dos procesos mentales que los conducen por adelantado al fracaso porque los hacen pensar y visualizar exactamente lo que no desean.

Hablar en público, como mencionaba anteriormente, es uno de los mayores temores de la persona promedio. Tanto es así que para muchas de ellas hablar en público se encuentra más arriba que el temor a la muerte en su lista de miedos ¿Te puedes imaginar esto? Ellas aseguran que preferirían morir antes de tener que hablar en público. No es una exageración; trata de obligarlas a hablar en público y te darás cuenta del temor tan aterrador que les produce esta idea. Su estado mental cambia instantáneamente, comienzan a sudar, se les aceleran los latidos del corazón, se les debilitan las piernas al punto que muchos de ellas llegan a desmayarse.

## MENSAJE # 43:

Muchas personas generan imágenes internas de fracaso y escuchan voces interiores que les recuerdan constantemente sus debilidades; dos procesos mentales que los conducen al fracaso por adelantado porque los hacen pensar y visualizar exactamente lo que no desean. Podemos crear uno de los más autodestructivos círculos viciosos, ya que entre más incapaces nos vemos, más incapaces nos verán los demás, lo cual sólo confirma lo que ya sabíamos de antemano: que éramos.

¿Cómo puede llegar una persona a este punto? Todo comienza con su diálogo interno. Por ejemplo, cuando una persona promedio escucha que debe hablar en público, especialmente si es de manera inesperada, su mente comienza a crear imágenes donde se visualiza haciendo el ridículo frente a los demás. Sin quererlo, visualiza todo lo que puede salir mal, que es precisamente lo que quiere evitar. Pero entre más piensa en ello, más real se vuelve esta imagen.

De repente, la persona comienza a escuchar voces internas que le dicen: "¿qué vas a hacer? ¿Se te olvidó lo pésimo que eres hablando en público? ¡Vas a hacer el ridículo! ¿Has olvidado aquella ocasión en que tu mente se quedó en blanco y por poco te desmayas?" Todas estas imágenes, producto de su diálogo interno, no sólo no le permiten hacer un buen trabajo, sino que reafirman aún más profundamente la idea de que no sirve para hablar en público.

¿Ves los efectos tan devastadores que pueden tener estas imágenes que nosotros mismos hemos creado con nuestro diálogo interno? Podemos crear uno de los más autodestructivos círculos viciosos, ya que entre más incapaces nos vemos, más incapaces nos verán los demás, lo cual sólo confirma lo que ya sabíamos de antemano: que éramos incapaces.

## EL PODER DE LAS IMÁGENES MENTALES: ¿FICCIÓN O REALIDAD?

Las imágenes que formas en tu mente son tan poderosas que fácilmente logran provocar respuestas en tu organismo. El origen de este fenómeno fue descubierto por Steven La Berge, doctor en sicología de la universidad de Stanford, quien dirigió un gran número de experimentos que demostraron que una imagen en la mente activa el sistema nervioso de igual manera que lo haría llevar a cabo la acción correspondiente. La Berge demostró que el cerebro era incapaz de distinguir entre una experiencia real y una experiencia vivamente imaginada. Si piensas en cualquier cosa y logras asociar con este pensamiento imágenes sensorialmente ricas en color, sabor, olor y otras sensaciones, tu sistema nervioso y tu cerebro no logran discernir si lo que estás experimentando sucede en realidad o simplemente lo estás imaginando. Para tu mente es como si fuese realidad, aun cuando sólo lo estés imaginando.

### MENSAJE # 44:

Una imagen en la mente activa el sistema nervioso de igual manera que lo haría el llevar a cabo la acción correspondiente. El cerebro es incapaz de distinguir entre una experiencia real y una experiencia vivamente imaginada. Si piensas en cualquier cosa y logras asociar con este pensamiento imágenes sensorialmente ricas en color, sabor, olor y otras sensaciones, tu sistema nervioso y tu cerebro no lograrán discernir si lo que estás experimentando sucede en realidad o simplemente lo estás imaginando. Para tu mente es como si fuese realidad.

John Roger, autor del libro Usted no puede darse el lujo de tener un pensamiento negativo, utiliza un ejemplo bastante interesante para ilustrar este punto, y quiero pedirte que sigas por un momento este ejercicio para que puedas apreciar el poder que un pensamiento puede tener sobre ti.

Varios estudios científicos han comprobado que existen conexiones directas entre la parte del cerebro donde guardamos imágenes mentales y la del sistema nervioso que controla actividades involuntarias como la respiración, el ritmo cardiaco y la presión arterial. Nuestro sistema nervioso, a su vez, está conectado con ciertas glándulas como la pituitaria, lo cual significa que una imagen puede impactar a todas las células de nuestro cuerpo.

Por ejemplo, quiero pedirte que en la medida en que leas este párrafo, pienses profundamente en un limón, quiero que lo visualices y lo dibujes en tu mente lo más claramente posible. Busca asociar todo tipo de sensaciones con esta imagen. Trata de evocar el olor de un limón. ¿Cómo te sientes al tocarlo? Dibuja en el telón de tu mente la imagen más clara que puedas de este limón.

Ahora, imagínate tomando un cuchillo y cortando este limón en dos mitades. Visualízate sacando las semillas del limón con la punta del cuchillo. Ahora toma el limón y llévalo cerca de tu nariz y aspira el olor de ese limón recién cortado. ¿Puedes olerlo? Finalmente, quiero que te imagines exprimiendo todo el jugo de ese limón en tu boca y mordiendo su pulpa.

No sé que te esté ocurriendo en este preciso instante, pero si realizaste el ejercicio, visualizando lo que te es-taba describiendo, es posible que hayas experimentado la respuesta de tus glándulas salivares ante esta imagen. ¿Ves? Tus glándulas salivares responden inclusive a un pensamiento acerca de un limón. Este simple pensamiento ha ocasionado una respuesta fisiológica en tu organismo que para tu mente subconsciente tiene sentido, ya que la saliva producida tiene como objetivo neutralizar el ácido que contiene el limón.

De la misma manera, si tienes hambre y piensas en un suculento plato de comida, tu estómago responde segregando jugos gástricos tal como si estuvieses comiendo. Ni siquiera necesitas ver la comida o percibir su olor para que esto suceda; el simple hecho de pensar en esta hace que tu cerebro actúe produciendo los ácidos gástricos que ayudarán a digerirla, lo que quiere decir que ha sido incapaz de reconocer que lo que está procesando es sólo una imagen y no la comida en sí.

Seguramente, alguna vez has visto en una película de suspenso o de terror una escena en la cual un asaltante está a punto de atacar a otra persona. El cerebro te pone a ti en medio de esta situación que, de hecho, ya es rica en estímulos sensoriales puesto que la estás viendo y oyendo y no tienes que imaginarla. Tu cerebro envía mensajes a tu organismo que te hacen reaccionar como si en realidad estuvieses en esta situación. De repente, tus manos comienzan a sudar, palideces y hasta el ritmo cardiaco puede subir.

Las imágenes mentales tienen un gran poder de sugestión. En un estudio, se les pidió a un grupo de personas que imaginaran que iban a caminar del punto A al punto B, en una calle conocida por ellas. En este experimento, los participantes cerrarían los ojos, caminarían mentalmente dicho tramo, al llegar al punto B dirían "ya llegué" y abrirían sus ojos. A una parte del grupo se le pidió que imaginaran que iban a caminar dicho tramo con una bala de cañón en las manos, mientras que al segundo grupo se le pidió que caminaran la misma distancia cargando un libro.

Como ya habrás adivinado, el primer grupo tardó mucho más tiempo en realizar dicha tarea. El peso irreal de la bala de cañón que imaginaron cargar a lo largo de este tramo, les había hecho caminar mucho más lentamente que al segundo grupo. Ellos no recibieron instrucciones para caminar más despacio ni tenían por qué haberlo hecho. Hubiesen podido optar por caminar normalmente o más rápido, pero su mente procedió de la única manera posible ante el hecho de cargar una bala de cañón.

Todos estos ejemplos son señal de que tu cerebro ha sido incapaz de entender que no fueron vivencias reales sino únicamente situaciones imaginarias.

Entonces, lo que quiero que entiendas es que tu cerebro piensa en imágenes y este poder de transformar las palabras en imágenes que logran afectar tus funciones fisiológicas, tus emociones y tus acciones, lo puedes utilizar para edificar tu éxito o para construir tu fracaso. Funciona igual de bien tanto para lo uno como para lo otro. Así que ten cuidado con las imágenes que puedan dibujar las palabras que utilizas y con los resultados que estas imágenes pueden generar. Recuerda que tu diálogo interno puede convertirse en tu mejor aliado o en tu peor enemigo.

## MENSAJE 45:

El poder de transformar las palabras en imágenes que logran afectar tus funciones fisiológicas, tus emociones y tus acciones puede ser utilizado para edificar tu éxito o para construir tu fracaso. Funciona igual tanto para lo uno como para lo otro. Así que ten cuidado con las imágenes que puedan dibujar las palabras que utilizas y con los resultados que estas imágenes pueden generar. Recuerda que tu diálogo interno puede convertirse en tu mejor aliado o en tu peor enemigo.

# UTILIZANDO LA VISUALIZACIÓN POSITIVA PARA CREAR TU FUTURO

La imaginación es el principio de la creación.
Imaginamos lo que queremos, creamos
un profundo deseo por aquello
que imaginamos y finalmente, creamos
aquello que hemos deseado.

—George Bernard Shaw

**S**i te pones a pensar, en el telón de la mente subconsciente puedes proyectar cualquier película mental que elijas. Como verás en lo que resta de este libro, una y otra vez te voy a pedir que utilices estas películas para practicar mentalmente tus éxitos. Además de estimular tu creatividad y de expandir tu visión, estas prácticas mentales te proveerán también del nivel necesario de motivación, entusiasmo y confianza para convertir tus sueños en realidad.

Las imágenes mentales que consistentemente mantienes en tu subconsciente junto con todo aquello que programas en tu mente subconsciente buscará reflejarse en las circunstancias y condiciones de tu mundo exterior.

## APRENDE A PRACTICAR MENTALMENTE TUS ÉXITOS

Toda actitud, creencia o sentimiento que mantengas en el subconsciente suele manifestarse en tu mundo exterior. Las acciones y ocurrencias externas suelen seguir las acciones y ocurrencias internas.

Hace algunos años, una escuela en Estados Unidos puso a prueba este concepto. Se tomaron tres grupos de jóvenes y se llevaron a una cancha de basquetbol a probar su efectividad para encestar desde la línea de tiro libre. La escuela determinó que el promedio de efectividad de los tres grupos era muy similar y equivalía a 22%. En otras palabras, este grupo lograba encestar sólo dos canastas de cada diez intentos.

Posteriormente, tomaron al primer grupo y le dieron las siguientes instrucciones: "durante los próximos 30 días queremos que vengan al campo de juego y practiquen su tiro libre durante 30 minutos".

Al segundo grupo le ordenaron que durante los siguientes 30 días no tocaran el balón, ni practicaran, y que sólo se limitaran a sentarse en la biblioteca durante 30 minutos todos los días a imaginarse realizando lanzamientos de tiro libre sin fallar uno solo. Las instrucciones eran que se vieran encestando cada tiro que hicieran.

Al tercer grupo se le encargó que realizara el mismo ejercicio de visualización durante 30 minutos al día y luego fuera al campo de juego y entrenara por 30 minutos más, durante todo el mes.

Al final de los 30 días volvieron a medir los porcentajes y a establecer el efecto que las prácticas, tanto físicas como mentales, tuvieron en el desempeño de los jugadores. El primer grupo, que practicó 30 minutos diariamente, incrementó su efectividad de 22% a 32%. Y aunque 32% aún es muy bajo, lo cierto es que representó un aumento de 50% sobre el nivel del que partieron.

El segundo grupo, que no realizó ningún entrenamiento, pero que desarrolló durante los 30 días el ejercicio mental de visualizarse acertando todo lanzamiento, subió su porcentaje a

42%. Sin hacer ningún tipo de práctica física, su efectividad se duplicó. Esto para mí es un logro espectacular, especialmente si tienes en cuenta que lo único que cambió fue su programación mental. Ellos cambiaron un programa mental en el cual se veían siempre fallando, por un programa mental en el que se veían siempre acertando, y ese simple cambio les permitió aumentar su efectividad en 100%.

El tercer grupo, que llevó a cabo los dos tipos de práctica, subió su porcentaje a 86%. Hubo, como te podrás dar cuenta, un enorme incremento en la efectividad de aquellos jóvenes que practicaron tanto física como mentalmente. Su efectividad aumentó en 300%. La lección que debemos aprender de esto es que todos y cada uno de nosotros puede aprender a hacer lo mismo y a obtener resultados similares.

## MENSAJE # 46:

Toda actitud, creencia o sentimiento que mantengas en el subconsciente suele manifestarse en las circunstancias y condiciones de tu mundo exterior. Las acciones y ocurrencias externas suelen seguir a las acciones y ocurrencias internas.

Jack Nicklaus, uno de los mejores golfistas de todos los tiempos, cuenta que incluso antes de elegir el palo con que golpeará la pelota, practica cada golpe mentalmente por lo menos cinco veces. Lo visualiza tal y como quiere que suceda.

Michael Jordan cuenta cómo milésimas de segundo antes de alistarse a hacer un lanzamiento, corre en su película mental la imagen del balón entrando en la cesta sin siquiera tocar el aro. Esto seguramente contribuyó en gran medida a que tuviera los porcentajes más elevados de efectividad desde cualquier parte de la cancha.

Entonces, ¿qué tal si de ahora en adelante comienzas a hacer lo mismo antes de entrar a tu próxima entrevista de trabajo, antes de hablar con tu siguiente cliente o antes de participar en tu próxima competencia o empezar tu siguiente dieta? ¿Qué tal si comienzas por practicar tu éxito mentalmente en lugar de sabotear tus posibilidades de triunfar, practicando tu fracaso?

Zig Ziglar cuenta cómo, en sus épocas de vendedor, antes de visitar a un cliente, tomaba unos minutos para rodar toda la película de la realización de su venta. Se veía, saludando al cliente y realizando su presentación. Veía a su cliente respondiendo con mucho entusiasmo a su propuesta y terminaba con una imagen del cliente agradeciéndole por el producto. En sus ensayos mentales siempre hubo venta, nunca falló. En la realidad no ocurrió exactamente lo mismo, pero este ensayo mental definitivamente le ayudó a ser mucho más efectivo y a llegar con su cliente con una actitud distinta y unas expectativas diferentes, y esto es lo verdaderamente importante.

## LA CREACIÓN MENTAL Y LA CREACIÓN FÍSICA

Se dice que Walt Disney fue capaz de realizar todos los proyectos que concebía, debido a su capacidad para visualizarlo ya terminado cuando apenas era una idea en su mente.

La idea de Disneylandia se le ocurrió mientras paseaba, como de costumbre, por los parques, con sus hijas, Sharon y Diana. Imaginó un gigantesco parque de diversiones para los niños, donde podrían encontrarse todos los personajes de sus dibujos animados. El día en que decidió poner en marcha su proyecto, nada ni nadie pudo detenerlo. Se cuenta que cuando se encontraba buscando un banquero o un inversionista que financiara la construcción de su parque de diversiones, solía llevar a la persona al sitio que él había escogido para construirlo en las afueras de Los Ángeles, California, y desde una colina cercana los invitaba a compartir dicha visión.

"La entrada al parque quedará de aquel lado y ahí comenzará la calle central que termina en aquel hermoso castillo, ¿lo puede ver?" Y así describía cada una de las atracciones y juegos con tal claridad como si las estuviese viendo. Algunos de los potenciales inversionistas, desconcertados, trataban de imaginar lo que Disney veía allí, en medio de aquel terreno baldío.

Durante la ceremonia de inauguración de Epcot Center en la ciudad de Orlando, Florida, cinco años después de su muerte, un reportero se acercó a Roy Disney, hermano de Walt, quien por aquel entonces se encontraba al frente de la corporación y le dijo: "Debe ser un momento difícil para usted; un día de gran alegría pero también de inmensa tristeza al ver que Walt nunca pudo ver culminado este parque, que era uno de sus grandes sueños". Roy se volvió al reportero y le dijo: "joven, está usted totalmente equivocado. Walt vio culminado este sitio. Y fue precisamente gracias a que lo vio culminado mucho antes de que se comenzara a construir, que hoy usted y yo lo estamos viendo".

Esta historia ilustra cómo las personas de éxito son conscientes de la importancia de crear una imagen clara de lo que desean alcanzar y de permitir que toda acción que emprendan esté guiada por esta visión. Cuando creas una imagen, una fotografía mental de lo que deseas alcanzar, tu mente subconsciente buscará poner tu realidad exterior en armonía con tu realidad interna y se encargará de mostrarte el camino mediante el cual puedes materializar dicho objetivo.

La idea sobre la cual se fundamenta este principio es que todas las cosas en realidad son creadas dos veces. La creación física está precedida por una creación mental.

### Mensaje # 47:

Todo aquello que es parte de tu realidad ha sido creado dos veces. La creación física está precedida por una creación mental. Cuando creas una imagen, una fotografía mental de lo que deseas alcanzar, tu mente subconsciente buscará poner tu realidad exterior en armonía con tu realidad interna y se encargará de mostrarte el camino mediante el cual puedes materializar dicho objetivo.

Si vas a construir una casa, antes de empezar a excavar, de levantar las paredes o, inclusive, de elaborar y trazar los planos, mentalmente ya has creado una imagen de la casa terminada. Tal vez los detalles no están totalmente definidos, pero por lo menos tienes una visión lo suficientemente clara de lo que quieres como para comenzar a trazar los planos. Esta es la primera creación, la mental.

Sólo entonces comienzas a excavar para poner los cimientos y levantar las paredes. Esto es lo que constituye la segunda creación: la física. Las personas de éxito saben que, si ignoran la creación mental, es muy posible que durante la creación física deban efectuar costosos cambios. La creación mental, el ensayo mental les permite enfocar mucho mejor sus ideas, practicar su plan de acción, evaluar cada paso del proceso y mejorar o cambiar lo que sea necesario.

Es lo mismo que te estoy pidiendo que hagas. Si presentas a tu mente subconsciente esta imagen o película de tu vida, ya habiendo alcanzado las metas que te has propuesto, tu mente subconsciente empezará a trabajar para hacer que tu mundo, que tu realidad exterior sea consistente con esa imagen interna que le has estado presentando. Este es, sin lugar a dudas, uno de los poderes más grandes de la mente subconsciente, la capacidad de ayudarte a hacer tu mundo exterior consistente con esa imagen interna.

Si debes hablar en público, por ejemplo, ya sabes que en lugar de decir: "espero no quedar mal", "espero que no me equivoque", "ojalá que no me vayan a temblar las piernas" o "por qué me habrán escogido a mí que odio hablar en público." Di algo así como: "sé que todo saldrá bien", "amo hablar en público", "soy capaz y estoy segura de lo que voy a decir", "estoy disfrutando de poder hablar en público hoy" o "qué bueno tener esta oportunidad de hablar en público".

Cambia tu diálogo interno, crea una nueva clase de imágenes en tu mente subconsciente de cómo esperas y quieres que ocurran las cosas. Una vez has creado esta imagen, practícala una y otra vez. De esta manera, cuando finalmente estés en el escenario, para ti no será la primera vez que te diriges a tu audiencia. Ya serán viejos amigos puesto que los has visto en cada uno de tus ensayos mentales. Ya tendrás más confianza en ti mismo y en tus habilidades. ¿Ves lo sencillo que es?

Si estás pensando que de nada servirá todo esto, ya que la realidad es que simplemente no eres bueno para hablar en público, nunca lo fuiste y probablemente nunca lo serás, quiero que entiendas que es posible que esta haya sido tu realidad hasta ahora, pero la puedes cambiar.

Recuerda que tu futuro no tiene que ser igual a tu pasado. Tú puedes cambiar. Si modificas tu diálogo interno, comienzas a crear nuevas imágenes, lo dices con fe en que puede suceder, y dibujas imágenes de éxito que te muestren hablando en público con seguridad y entusiasmo, tu cerebro no podrá distinguir entre la realidad y la imagen que le estás presentando y, entonces, será sólo cuestión de tiempo antes de que tu cerebro y tu mente comiencen a actuar y a comportarse de acuerdo con estas nuevas imágenes. ¡Trátalo! No tienes nada que perder y sí mucho que ganar.

## Mensaje # 48:

Si presentas a tu mente subconsciente una imagen o película de tu vida, ya habiendo alcanzado las metas que te has propuesto, tu mente subconsciente empezará a trabajar para hacer que tu mundo sea consistente con esta imagen interna que le has estado presentando. Este es, sin lugar a dudas, uno de los poderes más grandes de la mente subconsciente. Así que crea una nueva clase de imágenes en tu mente subconsciente de cómo esperas y quieres que ocurran las cosas. Una vez creada esta imagen, practícala una y otra vez, y será sólo cuestión de tiempo antes que tu cerebro y tu mente comiencen a actuar y a comportarse de acuerdo con estas nuevas imágenes.

## LA FORMACIÓN RETICULAR
## Y LA VISUALIZACIÓN CREATIVA

Agudizar el poder de visualización que acabamos de discutir, produce cambios a nivel cerebral que nos pueden ayudar a materializar nuestras metas. Existen evidencias puramente fisiológicas que muestran un incremento en nuestro nivel de percepción, como consecuencia de formar una imagen mental clara de nuestras metas. Este aumento en la percepción de nuestro medio es conocido por los neurólogos con el nombre de formación reticular y ocurre en una área del tamaño de la uña del dedo pulgar, localizada en la zona media del cerebro.

La formación reticular cumple, por así decirlo, la función de filtro sensorial. Todo impulso sensorial, toda información que haya llegado a través del sentido de la visión, el olfato, el gusto, el oído o el tacto es filtrada hasta cierto grado antes de llegar a la corteza cerebral. La formación reticular es la parte del cerebro que permite que sólo aquella información significativa o importante para la persona logre llegar al centro consciente del cerebro. De manera que el grado con que percibimos, o somos conscientes de cualquier cosa que se encuentre a nuestro alrededor, va en proporción directa a la importancia que previamente le hayamos asignado a ella en nuestra mente.

Por ejemplo, recuerdo que cuando mi esposa quedó embarazada por primera vez, comenzamos a notar la cantidad de mujeres embarazadas que había por donde quiera que íbamos. Hasta ese momento, ese hecho había pasado casi inadvertido. Pero desde el momento en que supimos de su embarazo, fue como si de repente nuestros sentidos se hubiesen puesto en posición de alerta y percibieran con mayor facilidad la presencia de mujeres embarazadas.

Seguramente, alguna vez te habrá sucedido que tomas la decisión de comprar determinado tipo de automóvil. Uno algo diferente, quizá con un color o estilo fuera de lo común. No obstante, después de algún tiempo, comienzas a verlo por todas partes. Es como si de repente fuera el auto más popular. Lo puedes diferenciar desde muy lejos y así te encuentres entre una multitud de autos, el tuyo salta a la vista. Es como si tu sentido de la visión se hubiese agudizado, manteniéndote constantemente alerta a su presencia. Lo que ha sucedido es que una vez le has asignado importancia a cierta idea, a cierta acción u objeto, tus sentidos se vuelven más sensibles y perciben con mayor facilidad dicho objeto debido al interés que ha cobrado en tu mente.

¿Cómo puede ayudarte todo esto a alcanzar tus metas?

## MENSAJE # 49:

El grado con que percibimos o somos conscientes de cualquier cosa que se encuentre a nuestro alrededor, va en proporción directa a la importancia que previamente le hayamos asignado a esta en nuestra mente. Una vez que le hemos asignado importancia a cierta idea, objeto o meta y hemos creado una imagen suficientemente clara de este, nuestros sentidos se vuelven más sensibles y logran captar con mayor facilidad toda información sensorial proveniente del medio ambiente que pueda estar relacionada con dicha idea, objeto o meta.

Muy sencillo, si te tomas el tiempo para identificar claramente cuáles son las metas y sueños que deseas manifestar en tu vida, te enfocas en ellos y le das la importancia que merecen. Si los defines tan claramente, que puedas visualizarte ya en posesión de ellos, tu formación reticular te generará la habilidad para identificar oportunidades a tu alrededor que te puedan ayudar a alcanzar dichas metas.

No hay ninguna fuerza mágica o sobrenatural que opere aquí, es simplemente parte de las funciones fisiológicas del cerebro. En la medida en que te enfocas en cualquier sueño, por imposible que pueda parecer, piensas en él, lo visualizas, lo rodeas de fuertes emociones, y desarrollas un profundo deseo por obtenerlo, activarás tu formación reticular, agudizando así todos tus sentidos para que logren captar con mayor facilidad toda información sensorial proveniente del medio ambiente que pueda estar relacionada con esta meta.

Sin activar tu formación reticular, sin programarla con aquellas cosas que deseas alcanzar, es posible que las oportunidades que buscas pasen frente a ti sin que tan siquiera te percates de ellas.

Muchas personas utilizan este poder a diario. Cuando decimos que alguien puede "oler las oportunidades", o que "no se le escapa ninguna oportunidad", podemos estar seguros que esta persona está utilizando su formación reticular. Tu cerebro también está equipado con este mismo poder. Lo único que tienes que hacer es aprender a usarlo y comenzar a ejercitarlo. ¿Cómo? Identifica tus metas, crea imágenes claras de ellas. Ayúdate con fotografías, postales, videos o lo que creas que te pueda ayudar a visualizarlas más claramente. Alimenta tu mente con estas imágenes y así estarás provocando cambios en tu formación reticular que mantendrán a tus sentidos alerta a todo lo que te pueda ayudar a materializar dichas metas.

Quiero darte una tarea para que comiences hoy mismo a tomar ventaja de este poder, de esta valiosa herramienta que tienes a tu disposición. Quiero que por cada deseo, cada meta, cada sueño que quieras hacer realidad, busques una imagen que te permita visualizarte habiendo alcanzado ya dicho sueño. Si deseas conseguir un nuevo auto o una casa, busca una fotografía de estos, y si puedes estar tú en la fotografía, mucho mejor. Si tu sueño es viajar a cierto lugar del mundo, consigue imágenes de dicho lugar y ponlas en un sitio donde puedas verlas constantemente.

## MENSAJE # 50:

Si tomas el tiempo para identificar claramente las metas y sueños que deseas manifestar en tu vida, te enfocas en estos y le das la importancia que merecen. Si los defines tan claramente, que puedas visualizarte en posesión de estos, los rodeas de fuertes emociones y desarrollas un profundo deseo por su logro, tu formación reticular generará la habilidad para identificar oportunidades a tu alrededor que te puedan ayudar a alcanzar dichas metas.

Si tu meta es perder 10 o 15 kilos de peso para volver a tu peso ideal, busca una fotografía tuya cuando tenías ese peso, o toma una imagen del cuerpo que quieres tener y pon sobre ella una foto de tu cara. Haz lo que se te ocurra para poder visualizarte ya en posesión de aquello que deseas lograr y alimenta tu mente con estas imágenes. Hazlo y te sorprenderán los resultados.

# LIBERANDO EL PODER DEL SUBCONSCIENTE

El más importante descubrimiento
de esta generación es el entendimiento
de que los seres humanos pueden alterar
sus vidas alterando su actitud mental.

—Albert Schweitzer

Los grandes triunfadores han utilizado el poder de su imaginación para crear vidas exitosas. Este proceso de visualización creativa es el camino ideal para comenzar a liberar el verdadero poder que se encuentra en el interior de tu subconsciente. Consiste simplemente en utilizar tu imaginación, de manera sistemática y estructurada, para crear aquello que deseas materializar.

Muchos de nosotros ya utilizamos este proceso de la visualización creativa, excepto que lo hacemos para crear limitaciones y pensamientos negativos que dominan nuestra mente. Un ejemplo de ello son las preocupaciones, que casi siempre son el resultado de formar imágenes negativas. En general, al mantener imágenes de cualquier tipo –positivas o negativas– eventualmente producimos un efecto basado en dichas imágenes. Nuestro futuro será el fruto de nuestros pensamientos presentes porque somos lo que creemos ser.

El doctor Joseph Wolpe, siquiatra de la escuela de medicina de la universidad de Virginia encontró que las fobias son en su mayoría comportamientos aprendidos y no el resultado de traumas causados durante la niñez, y comprobó que muchas de estas fobias podían ser desaprendidas. Mientras sus pacientes se encontraban relajados y tranquilos, el doctor Wolpe les pidió pensar en aquello que era el objeto de su fobia, buscando mantener el mismo nivel de tranquilidad y sin permitir que dicho pensamiento los alterara.

Naturalmente, en un principio, fue difícil para algunas personas mantenerse relajadas cuando estaban en presencia de aquello a lo que le tenían miedo. No obstante, poco a poco, muchos de ellos lograron dominar la angustia y el pánico inicial, mantener la tranquilidad y el control y deshacerse así de fobias que habían tenido por años en tan sólo unas sesiones. Hoy, este método, basado fundamentalmente en técnicas de visualización positiva, es conocido por los sicólogos como el proceso de la desensibilización sistemática y es ampliamente utilizado en el campo de la sicoterapia.

A continuación encontrarás algunas estrategias que te permitirán utilizar este mismo proceso para deshacerte de tus limitaciones y poder así liberar el poder ilimitado de tu subconsciente.

## Mensaje # 51:

Nuestro futuro será el fruto de nuestros pensamientos presentes. Somos lo que creemos ser. El objeto de nuestros temores y nuestras fobias no está en el mundo exterior sino en el interior de nuestra mente. Las fobias en su mayoría son comportamientos aprendidos y no el resultado de traumas causados durante la niñez, y muchas de ellas pueden ser desaprendidas utilizando el proceso mental de la visualización positiva.

## CÓMO DESHACERNOS DE PROGRAMACIONES NEGATIVAS DEL PASADO

La programación negativa es el resultado de acciones específicas que hemos tomado o de expresiones o generalizaciones que utilizamos a menudo, sin detenernos a calcular su validez.

Afirmaciones como: "Nada me sale bien", "nunca me tienen en cuenta", "siempre me toca lo peor", "todos se burlan de mí", te desarman y te limitan aunque nunca sean una apreciación válida de la realidad. Lo cierto es que cuando las personas dicen "nada me sale bien" generalmente lo que quieren decir es "las dos últimas cosas que he intentado no me han salido como hubiese querido."

Sin embargo, cuando tú dices, "nada me sale bien" lo que tu mente realmente escucha es: "Eres un fracasado", "date por vencido", "entiende que tú no sirves para nada". Así que después de escuchar esto, no es de extrañar que te sientas abatido. Piensa por un momento en las implicaciones de una expresión como "nada me sale bien". Si en realidad nada te sale bien; ¡absolutamente nada!, pues, la verdad es que lo único que puedes hacer es admitir que eres un fracasado.

Antes de apresurarte a aceptar esta nefasta realidad, la próxima vez que te sientas tentado a utilizar esta expresión, pregúntate: "¿de verdad, nada me sale bien?" "¿No ha habido, nunca en mi vida una situación en la que algo me haya salido bien?" "¿Qué es exactamente lo que me ha salido mal?"

Si cambias tu diálogo interno puedes ser mucho más objetivo y aprender de los errores cometidos. Si tu diálogo interno es "nada me sale bien" y lo aceptas como una realidad, la siguiente pregunta que tu cerebro se hará es: "¿por qué será que a mí nada me sale bien?" La única respuesta posible que tu cerebro puede darte ante una generalización como esta es "porque eres un fracasado". ¿Qué aprendiste de esta respuesta? Absolutamente nada. Ahora te sientes peor que antes.

Pero si adoptas el diálogo interno adecuado y aceptas que en el pasado has hecho muchas cosas bien, podrás replantear tus dudas y preguntarte: "¿Qué fue exactamente lo que no salió bien en esta ocasión? ¿Cómo puedo hacer esto mejor para obtener los resultados que deseo? ¿Dónde estuvo el error específicamente y qué puedo aprender para no cometer el mismo error otra vez?" Cualquiera de estas preguntas te ayudará a convertir esta caída en una experiencia de la que puedes aprender en lugar de permitir que defina quién eres como persona. Porque haber fracasado no es sinónimo de ser un fracasado.

De igual manera, cuando digas, "todos me rechazan", piensa qué tan cierto es lo que dices. ¿Quieres decir que hasta la fecha, todos te han rechazado en tu vida? Eso no puede ser cierto, de lo contrario ya estarías muerto. Entonces, la próxima vez que te encuentres diciendo "todos me rechazan" quiero que observes la imagen mental que genera esta afirmación. ¿Cuántas personas hay en la imagen mental creada cuando afirmas esto? ¿Miles de personas dándote la espalda? ¿Cientos? ¿Una docena? Quizás sólo hay una persona o tal vez ninguna.

Cuando dices: "Todos me rechazan o nadie aprecia mi trabajo", tu mente debería poder instantáneamente dibujar una imagen en la que se encuentren todas las personas que te han rechazado al mismo tiempo. No obstante, si cuando dices esto sólo ves la imagen de tu amigo que acaba de rechazar una propuesta que le hiciste o la de dos compañeros de trabajo que, justo recién, rechazaron el plan de trabajo que les presentaste, entonces esa afirmación es obviamente una exageración.

En tal caso deberías ser un poco más específico y preguntarte: "¿quién me ha rechazado específicamente?" Entonces te darás cuenta que no es todo el mundo sino sólo una persona. Lo significativo de esto es que es mucho más fácil lidiar con el rechazo de una persona que responder al rechazo de cientos o miles de personas. Una persona es mucho más manejable.

Ahora bien, si deseas ser aún más objetivo, pregúntate si lo que tus compañeros de trabajo rechazaron no fue a ti sino a tu plan de trabajo. En lugar de cuestionarte: ¿por qué será que todas las personas siempre me rechazan? Pregúntate: ¿qué fue específicamente lo que mis compañeros rechazaron de mi plan? ¿Por qué lo hicieron? ¿Tienen ellos la razón? ¿Puedo cambiarlo? ¿Ves la enorme diferencia? De estas preguntas sí puedes aprender. Estas preguntas aumentan tu poder y te fortalecen, mientras que la pregunta anterior te limitaba y hacía más débil.

Si no te gustan las respuestas que tu mente te da o si no es-tás aprendiendo mucho de ellas, es hora de aprender a replantearlas. Recuerda que la calidad de las respuestas que obtengas dependerá de la calidad de las preguntas que te hagas.

## Mensaje # 52:

Tu evaluación del mundo ha sido el resultado de un sistema de preguntas y respuestas. Si no te gustan las respuestas que tu mente te da, o si no estás aprendiendo mucho de estas, pues es hora de aprender a replantearlas. Recuerda que la calidad de las respuestas que obtengas dependerá de la calidad de las preguntas que te hagas. Si sufres una caída, asegúrate de formularte preguntas que te ayuden a convertir esta caída en una experiencia de la cual puedas aprender en lugar de que definan quién eres como persona. Porque haber fracasado no es sinónimo de ser un fracasado.

## Mente sana en cuerpo sano: el poder del subconsciente para crear una salud óptima

Tú eres quien eres y te encuentras dónde te encuentras física y mentalmente, como resultado de todos aquellos pensamientos que han encontrado cabida en tu mente. La buena noticia es que si no estás satisfecho con quien eres, si no te encuentras a gusto con tu salud física o mental, tú pue-des cambiar esa situación, cambiando la clase de información, pensamientos y emociones que albergas en tu mente.

Los pensamientos que albergas en tu mente no sólo afectan tu estado de ánimo y tus acciones, sino que también provocan respuestas en tu cuerpo. Dar cabida en tu subconsciente a pensamientos negativos y destructivos genera fuerzas y sentimientos negativos dentro de ti, que suelen manifestarse en males y afecciones del cuerpo como úlceras, trastornos cardiacos, hipertensión, artritis, males de la piel, problemas digestivos, migrañas, cáncer y otras enfermedades conocidas como afecciones sicosomáticas. Muchos artículos y referencias en revistas y publicaciones médicas muestran cómo el estado emocional y mental de las personas contribuye en gran medida a desarrollar estas enfermedades.

Pero nadie nace con estas emociones y sentimientos negativos. Los hemos aprendido y programado en el subconsciente a lo largo de nuestra vida. En la medida en que comienzas a cambiar tus pensamientos conscientes y a pensar de manera más positiva y optimista, poco a poco logras cambiar esa programación. Al hacer esto, automáticamente cambias la dirección y el rumbo de tu vida.

El doctor Deepak Chopra, muy acertadamente, anota que pensar es practicar química cerebral. Como vimos en el capítulo ocho, el producto de estas reacciones químicas es la secreción de hormonas de glándulas como el hipotálamo y la pituitaria, y estas hormonas se encargan de transmitir mensajes a otras partes del cuerpo.

Se ha demostrado que los pensamientos hostiles y de enojo aceleran los latidos del corazón y suben la presión arterial, mientras que la ira, el resentimiento y la tristeza debilitan el sistema inmunológico del cuerpo. Millones de personas son causantes de muchos de los males que las aquejan debido a las ideas negativas que mantienen en su mente. Es indudable que las emociones negativas como la preocupación, la duda, el odio, la rabia y el deseo de venganza intoxican el subconsciente.

Del mismo modo, los pensamientos positivos, como el entusiasmo, el amor, la amistad, la paz y la tranquilidad, producen un flujo de neurotransmisores y hormonas en el sistema nervioso central que estimula, provee energía al cuerpo y crea las circunstancias propicias para la conservación o restauración de una buena salud. Así que, como ves, cada uno de nosotros en gran medida es responsable del nivel de salud que disfruta.

¿Te has dado cuenta cómo aquellas personas que constantemente se quejan por todo, son las mismas que suelen enfermarse constantemente? Martín Seligman, profesor de la universidad de Pennsylvania, asevera que el sistema inmunológico de la persona pesimista y negativa no responde tan bien como el de la persona optimista y positiva. Los pesimistas sufren de más infecciones y enfermedades crónicas.

En 1937, la universidad de Harvard inició a un estudio con los estudiantes que se graduaron aquel año. Periódicamente estos individuos respondieron preguntas acerca de su estado físico y emocional. El estudio demostró que aquellas personas que a los 25 años de edad ya exhibían una actitud pesimista sufrieron en promedio un mayor número de enfermedades serias entre los 40 y los 50 años.

## MENSAJE # 53:

Los pensamientos que albergas en tu mente provocan respuestas en tu cuerpo. Dar cabida en tu subconsciente a pensamientos negativos y destructivos genera fuerzas y sentimientos negativos dentro de ti, manifestándose en afecciones y enfermedades sicosomáticas. De manera que cada uno de nosotros es en gran medida responsable del nivel de salud que disfrutamos. La buena noticia es que si lo deseas puedes cambiar tu actitud y, por ende, cambiar el efecto negativo que esta pueda estar ejerciendo sobre tu salud física.

En otro estudio, realizado en 30 personas que sufrían de cáncer del colon o de un tumor maligno, se le pidió a los pacientes que tomaran un curso de ocho semanas para ayudarles a relajarse y cambiar su actitud mental. La terapia consistía en visualizar enormes células anticancerosas navegando a través del sistema sanguíneo y devorando las células cancerosas o el tumor existente. El propósito era cambiar la actitud derrotista y las creencias negativas que muchos de ellos tenían. Los resultados fueron sorprendentes. Los pacientes que tomaron el curso mostraron un incremento en el número de las células que normalmente protegen el cuerpo contra el crecimiento de tumores malignos.

Esa actitud triunfadora y perseverante que caracteriza a las personas exitosas no sólo te ayudará a alcanzar tus metas más ambiciosas sino que, en muchas ocasiones, puede ser la diferencia entre la vida y la muerte. Un grupo de investigadores del hospital King's College de Londres, realizó un estudio en 57 pacientes que sufrían de cáncer de seno y quienes habían sufrido una masectomía. Siete de cada diez mujeres que poseían lo que los doctores llamaban un "espíritu de lucha" aún vivían vidas normales diez años más tarde, mientras que cuatro de cada cinco de las mujeres que, en opinión de los doctores, "habían perdido la esperanza y se habían resignado a lo peor" tras escuchar su diagnóstico, habían muerto.

Así que examina cuidadosamente la clase de información con la cual estás alimentando tu mente, y controla los pensamientos que permites que la ocupen, ya que estos afectan en gran medida tu salud física y mental.

## La programación neurolingüística: base de mejores relaciones con las demás personas

En las últimas dos décadas se han escrito muchos libros acerca de los diferentes usos de la programación neurolingüística o

PNL, como también es conocida. Esta ciencia se originó cuando un grupo de científicos se interesó en descubrir cómo era que los grandes sicoterapeutas conseguían los fantásticos resultados que obtenían con algunos de sus pacientes y qué habilidades especiales poseían que les permitían influir dramáticamente en las decisiones de sus pacientes.

Después de muchas observaciones, concluyeron que la clave estaba en la capacidad del terapeuta para comunicar sus ideas, consejos y recomendaciones en un estilo que armonizaba o concordaba con el mapa mental preferido del paciente. De esta misma manera, al armonizar nuestro estilo comunicativo, nuestras palabras, gestos y expresión corporal con el estilo y mapa mental preferido de nuestro interlocutor logramos una mejor recepción de nuestras ideas.

El postulado general de la PNL establece que existen tres modalidades o mapas mentales mediante los cuales las personas perciben e interpretan el mundo que los rodea: el modo o mapa visual, el auditivo y el cinestésico. Las personas visuales ven el mundo, las auditivas lo oyen y las cinestésicas lo sienten.

Aunque algunas publicaciones han llegado a otorgarle toda clase de poderes sobrenaturales a la PNL, lo cierto es que el mismo nombre explica sus alcances y nos permite separar el mito de la realidad: la palabra "programación", por ejemplo, tomada del campo de la informática sugiere que nuestros pensamientos, hábitos y emociones no son más que el software mental que programa el disco duro de nuestra mente subconsciente. El prefijo "neuro" en neurolingüística, se refiere al ensamblaje a través del cual ocurre dicha programación; nuestro sistema nervioso y sus circuitos mentales, nuestra mente consciente y subconsciente y nuestros cinco sentidos. Finalmente, el término "lingüística", obviamente, hace referencia a nuestra habilidad para utilizar el lenguaje, las palabras y nuestro diálogo interno para programar y reprogramar nuestra mente. También nos enseña cómo las expresiones y el lenguaje que utilizan otras personas reflejan sus mapas mentales.

Todos utilizamos uno de los mapas mentales o sistemas descritos por la PNL como medio para organizar e interpretar los diferentes estímulos que recibimos del mundo exterior. La persona visual, por ejemplo, prefiere ver las cosas. Cuando se le describe algo, ella trata de visualizarlo. Aunque seguramente todos utilizamos las tres modalidades, generalmente favorecemos una sobre las demás.

De manera que si sabemos cuál es el mapa mental que prefiere utilizar determinada persona para interpretar el mundo exterior, tendremos una herramienta muy útil para saber cuál es la mejor manera de comunicarnos con ella. Podríamos ser más persuasivos y efectivos en nuestras relaciones personales. No debemos olvidar que uno de los aspectos que más contribuirán a nuestro éxito personal es nuestra habilidad para desarrollar mejores relaciones con las demás personas. Descubrir cuál es el sistema de pensamiento preferido por nuestro interlocutor puede facilitar dicha interacción.

## MENSAJE # 54:

Es importante recordar que la interacción entre dos seres humanos es, en su más simple expresión, un encuentro de dos mentes. El éxito que podamos experimentar en nuestras relaciones personales dependerá en gran medida de nuestra efectividad para comunicar nuestras ideas, utilizando un estilo comunicativo que le permita al interlocutor procesar mejor la información. Si sabemos cuál es el mapa mental que prefiere utilizar determinada persona para interpretar el mundo exterior, tendremos una herramienta muy útil para saber la mejor manera de comunicarnos con ella. Y podríamos ser más persuasivos y efectivos en nuestras relaciones personales.

De acuerdo con Richard Bandler, pionero en el campo de la PNL, aproximadamente 35% de las personas son visuales. Ellas comprenden algo mucho mejor si pueden verlo. Si discutes una idea en términos visuales, con palabras pintorescas y descriptivas, seguramente sonreirán, les brillaran los ojos como muestra de que están comprendiendo y captando perfectamente todo lo que les dices.

Las palabras que las personas visuales utilizan te pueden dar la primera clave para reconocerlas. Ellas utilizan expresiones como: "me encantaría que me mostraras el producto", "esa me parece una idea brillante", "ya lo puedo visualizar" o "ya tengo una idea clara de lo que me quieres decir". Todas estas expresiones hacen referencia al sentido de la vista que es el que ellos favorecen. Cuando utilizas palabras o expresiones visuales como estas, te comprenderán más rápidamente y podrás así crear una atmósfera más favorable para la comunicación y el intercambio de ideas. Además, no olvides utilizar gráficos, imágenes o usar las manos cuando hablas con los visuales; dibuja imágenes en el aire, tan increíble como pueda sonar, ellas las podrán ver sin ningún problema.

La persona auditiva por su parte escucha lo que sucede a su alrededor y diseña sus respuestas basándose en aquello que escucha más que lo que ve. Las personas cuyo mapa mental es fundamentalmente auditivo, constituyen aproximadamente 25% de la población.

Ellos prestan mucha atención a la forma como las demás personas dicen las cosas ya que obtienen mucha más información de cómo dices algo que lo que estás diciendo. Suelen utilizar expresiones como: "no emplee ese tono de voz conmigo por favor", "hasta el momento todo lo que he escuchado es estática y ruido, pero nada de sustancia", "eso me suena bastante bien", "creo que por fin me ha sonado la campana", "cuéntame algo más al respecto" o "me gustaría escuchar la opinión de otras personas". Todas estas son palabras y expresiones asociadas con el sentido del oído. Una persona auditiva que esté comprando un automóvil, por ejemplo, puede tomar la decisión de hacerlo basado en la calidad del sonido del radio o en lo silencioso que es el motor antes que en el color, el precio o la marca del auto.

A los auditivos les encanta el teléfono, al punto de preferir hacer negocios a través de él que en persona. A menudo, piensan en voz alta, les gusta hablar consigo mismos, ya que al escuchar sus propias ideas las clarifican aún más. Prestan más atención al tono y volumen de su voz y se toman su tiempo para decir las cosas.

El tercer grupo de persona son las cinestésicas. Constituyen 40% de la población y comúnmente basan sus decisiones en sus instintos e intuiciones. Ellas actúan dejándose guiar por lo que sienten y por las sensaciones que experimentan. Hacen juicios rápidos acerca de si alguien les gusta o les disgusta. Es común escucharlos utilizando expresiones como: "necesitamos poner los pies sobre la tierra y hablar de hechos reales", "no me siento totalmente seguro acerca de esto", "¿cómo te afecta esta decisión?", "déjame echarte una mano con ese asunto" o "mi impresión al respecto es la siguiente". Todas estas expresiones denotan el gran efecto que las emociones y el tacto juegan en sus decisiones.

Si deseas comunicarte de manera efectiva con un cinestésico, debes apelar a sus sentimientos. Pregúntale cómo se siente con lo que le has dicho o cuáles son sus impresiones. Si le estás ofreciendo un producto, dale muchas oportunidades de tocarlo y experimentarlo. Permítele que perciba su textura. Si puedes demostrar lo que dices con una acción física de algún tipo, un gesto o un contacto personal, conseguirás captar mucho mejor su atención.

Es importante recordar que la interacción entre dos seres humanos es, en su más simple expresión, un encuentro de dos mentes. El éxito que podamos experimentar en nuestras relaciones personales dependerá en gran medida de nuestra efectividad para comunicar nuestras ideas utilizando un estilo comunicativo que le permita a tu interlocutor procesar mejor la información.

## Cómo crear una mentalidad de abundancia

Aunque parezca increíble, para muchas personas los términos "mucho dinero", "acumulación de riqueza" o "abundancia financiera" encierran una connotación negativa. En su subconsciente muchas personas guardan ideas preconcebidas asociadas con tener mucho dinero. Y son estas falsas creencias las que desde lo más profundo de su mente sabotean sus posibilidades de alcanzar la libertad económica, sin que ellas lo sepan. Muchas de estas creencias, y otras, son adquiridas durante la niñez y la juventud.

Por ejemplo, si desde los seis años has escuchado en tu casa o en tu círculo de influencia que no hay que preocuparse tanto por ahorrar, que hay que disfrutar el hoy, que el que guarda riquezas guarda tristezas, y a lo largo de tu juventud esta idea fue reafirmada una y otra vez, no te sorprenda que hoy seas incapaz de ahorrar un centavo y no puedas explicarte por qué. Personalmente, he escuchado personas que me dicen, "doctor Cruz, yo no tendré mucho dinero, pero por lo menos lo poco que tengo lo he conseguido con honradez".

¿Cómo vamos a poder triunfar financieramente si de antemano hemos programado en nuestra mente que el tener dinero y la honradez se encuentran en polos opuestos? No es nada extraño que esta persona no tenga mucho dinero, ya que cada vez que comienza a mejorar su situación financiera, escucha aquella voz que le dice desde su subconsciente: "Mucho cuidado, estás comenzando a acumular demasiado dinero, no vayas a sacrificar tu honradez a causa de la riqueza..."

Así que al liberar tu subconsciente de estas ataduras que han limitado tu potencial, podrás desarrollar la mentalidad de abundancia que te permitirá alcanzar la libertad financiera que tanto deseas.

A continuación quiero compartir contigo una estrategia que te ayudará a lograr esto.

## Mensaje # 55:

Muchas personas guardan en su subconsciente ideas negativas asociadas con tener mucho dinero. Y son estas falsas creencias las que desde lo más profundo de su mente sabotean sus posibilidades de alcanzar la libertad económica, sin que ellas lo sepan. Muchas de estas creencias son adquiridas durante la niñez y la juventud. Debes liberar tu subconsciente de estas ataduras que han venido limitando tu potencial y desarrollar la mentalidad de abundancia que te permitirá alcanzar la libertad financiera que tanto deseas.

Lo primero que quiero pedirte es que busques papel y lápiz y escribas todo lo que se te venga a la mente cuando piensas en la idea de tener mucho dinero. Escribe todas las palabras o expresiones que se te ocurran, asociadas con esta idea. No pienses demasiado en cómo escribirlas. Simplemente deja que broten de tu mente. ¿Qué significan para ti? ¿Qué representan? ¿Qué asocias con la idea de tener mucho dinero?

Quiero compartir contigo algunas reflexiones que han salido a flote en otras ocasiones en que he realizado este ejercicio:

- Libertad.

- Más tiempo con la familia.

- No más deudas.

- Viajar.

- Ayudar a mi familia.

- Más responsabilidades.

- Mejor estilo de vida.

- Menos estrés.

- Éxito.

- Más diversión.

- Seguridad e independencia.

Estas son algunas de las ideas que otras personas asocian con la perspectiva de tener mucho dinero. Examina tu lista y considera si lo que has escrito es positivo o negativo. Si son ideas negativas, pregúntate por qué se encuentran en tu lista. ¿Quién la puso allí? ¿Dónde las aprendiste? Y piensa si estas razones son reales o no. Esta es una manera de erradicar conscientemente conceptos errados que puedan encontrarse en tu mente.

En la segunda parte de este ejercicio quiero que examinemos que otras ideas existen en tu subconsciente que puedan influir en gran medida sobre tus decisiones y tu vida financiera; ideas que puedan estar aún más arraigadas en las profundidades de tu mente y que, sin que lo sepas, pueden estar ejerciendo un mayor control sobre la actitud que tienes acerca de la riqueza.

Como mencioné anteriormente, muchas de estas ideas las adquirimos durante nuestros años de formación escolar, en la niñez o la adolescencia. Así que ahora quiero pedirte que escribas todo lo que recuerdes haber escuchado durante tu niñez acerca del dinero; acerca de la idea de tener mucho dinero. ¿Qué aprendiste en tu juventud acerca del dinero? ¿Qué escuchabas comúnmente de tus padres, familiares o de otras personas? ¿Cuáles eran algunas de las frases y dichos que comúnmente escuchabas en tu casa o en tu escuela en relación con el dinero? ¿Cuáles solían ser algunas de las preocupaciones más comunes acerca de este? ¿Cuáles eran las creencias religiosas que predominaban en tu familia respecto al dinero?

Nuevamente, quiero compartir contigo algunas ideas que otras personas recuerdan haber escuchado desde pequeños:

- El dinero corrompe.

- En esta vida todo es dinero.

- Nunca hay suficiente dinero.

- No podemos darnos el lujo de gastar demasiado dinero.

- ¿Usted cree que el dinero crece en los árboles?

- Entre más tiene uno, más esclavo es de lo que tiene.

- El dinero no lo es todo en la vida.

- Los ricos son infelices.

- Los que más tienen nunca están contentos con lo que tienen.

- Es más fácil que pase un camello por el ojo de una aguja…

Así que, como ves, de un lado, muchos de nosotros asociamos el tener dinero con imágenes positivas en su mayoría, y pensamos que nos aportará libertad, seguridad e independencia. Pero de otro lado, casi todo lo que aprendimos en nuestra niñez acerca del dinero es negativo. En el subconsciente, creemos que si acumulamos riquezas seremos infelices, que nadie nos querrá y, peor aún, que seguramente iremos al infierno.

Entonces, en la tercera parte de este ejercicio, quiero que empecemos por cambiar estas ideas y creencias absurdas acerca del dinero, de la riqueza y la abundancia, y reprogramemos nuestra mente con las creencias correctas.

Para hacer esto quiero que a continuación hagas una lista de todos los beneficios que obtendrás, de todo aquello que podrás lograr, de todas las maneras en que tu vida mejorará, si tuvieses mucho dinero y gozaras de la libertad financiera que seguramente anhelas. Cuando yo realicé este ejercicio algunas de las cosas que pude identificar fueron las siguientes.

Alcanzar la libertad financiera me permitirá:

- Emplear más tiempo para estar con mi esposa y mis hijos.

- Tener un mejor estilo de vida.

- Tener un mayor control sobre mi tiempo.

- Contar con la oportunidad de viajar más en plan de vacaciones en compañía de mi familia.

- Ayudar a otras personas que necesitan mi apoyo económico.

- Ser más generoso con causas en las cuales creo.

Escribe tu lista y léela una y otra vez para redefinir y reprogramar en el subconsciente tus ideas, creencias y valores con respecto al dinero. Este es uno de los pasos más importantes en tu camino hacia lograr el éxito financiero. Recuerda que una de las razones que impide que una gran mayoría de las personas triunfe financieramente no es la falta de buenos consejos o de oportunidades, ni siquiera es la carencia de dinero, es que no han desarrollado subconscientemente las creencias y valores que les permitan lograr el éxito.

## CREANDO UN NUEVO FUTURO

Como mencioné en el capítulo nueve, la creación física de las cosas está precedida por la creación mental. Emerson lo resumió de esta manera: "El ancestro de toda acción es un pensamiento. Toda acción ha sido precedida por un pensamiento". Cada uno de nosotros crea con sus pensamientos la realidad que a la postre se manifestará en su vida. Tu futuro se está formando en este preciso instante en el interior de tu mente. Lo que piensas, crees y visualizas habitualmente se convierte en la base de todo lo que experimentarás en tu vida. Los pensamientos que crecen como semillas en el jardín del subconsciente darán forma a tu vida futura.

### MENSAJE # 56:

El ancestro de toda acción es un pensamiento. Toda acción ha sido precedida por un pensamiento. Cada uno de nosotros crea con sus pensamientos la realidad que a la postre se manifestará en su vida. Tu futuro se está formando en este preciso instante en el interior de tu mente. Lo que piensas, crees y visualizas habitualmente, se convierte en la base de todo lo que experimentarás en tu vida. Los pensamientos que crecen como semillas en el jardín del subconsciente darán forma a tu vida futura.

Recuerda, un pensamiento no equivale a más que una décima de voltio de electricidad. Y pese a que la gran mayoría de nosotros le prestamos poca importancia a nuestros pensamientos, esta décima de voltio ejerce una enorme influencia en nuestras emociones, nuestras acciones y nuestro futuro. Aun cuando no podemos verlos o tocarlos, nuestros pensamientos son tan reales como cualquier objeto que podamos percibir a través de nuestros sentidos. Como sabiamente lo dijera Wayne Dyer los pensamientos se asemejan al viento, no los podemos ver o tocar, pero siempre podemos observar los resultados de su presencia.

Si observamos con cuidado, nos podremos dar cuenta que la realidad que nos rodea, y de cuya existencia no dudaríamos, no existe más que en nuestro pensamiento. Piensa en tu relación de pareja, o en tu relación con tus padres o tus hijos. Seguramente, tienes alguna de estas relaciones o quizá todas. Sin embargo, ¿se encuentra esta persona en este preciso instante contigo? Probablemente no. Pero la relación persiste a pesar de su ausencia, ¿no es cierto? Existe en tu pensamiento. No porque tu pareja no se encuentre contigo en este momento, tu relación con ella es menos real. Entonces, ¿qué es aquello que constituye lo que llamas "tu relación con estas personas"? Sólo pensamiento.

Todo lo que ha sucedido hasta este momento en tu vida existe solamente en tu pensamiento. Tu experiencia, temores, creencias, debilidades y preocupaciones existen sólo en tu mente. Sin embargo, trata de convencer a una persona preocupada de que sus penas no son reales ni tienen fundamento. Y aunque a nosotros nos puedan parecer ridículas para quien las está padeciendo son bastante reales. Recuerdo el caso de un estudiante que se desmayó durante un examen en la universidad. El pobre joven estaba totalmente convencido que si reprobaba el examen, lo expulsarían de la escuela, su padre lo echaría de casa y perdería la oportunidad de hacer algo productivo con su vida. Por supuesto, esta tragedia existía sólo en el pensamiento del joven estudiante. No obstante, este pensamiento fue suficiente para producir cambios químicos en su cuerpo que le provocaron un desmayo.

De la misma manera, la incapacidad de ciertas personas para hablar en público, el temor a las alturas, las fobias por los sitios cerrados no se deben a imposibilidades o barreras de naturaleza física, sino a limitaciones generadas y concebidas en la mente.

Con el éxito sucede exactamente lo mismo, tanto la persona que piensa y cree que va a triunfar, como la que piensa y cree que fracasará, están en lo cierto, ya que el poder para lograr lo uno o lo otro se encuentra en su mente. Aquellos que no pueden hacer algo, saben que no pueden, se han visualizado así; piensan en su incapacidad constantemente y como resultado nunca lo logran.

## Mensaje # 57:

Todo lo que ha sucedido hasta este momento en tu vida existe solamente en tu pensamiento. Tu experiencia, temores, creencias, debilidades y preocupaciones existen sólo en tu mente. Tanto la persona que piensa y cree que va a triunfar, como la que piensa y cree que fracasará, están en lo cierto, ya que el poder para lograr lo uno o lo otro se encuentra en su mente.

Hay dos premisas fundamentales sobre cómo los pensamientos moldean nuestro futuro.

La primera idea es que tú solo puedes actuar basado en aquello que mantienes en tu pensamiento. Si algo no se encuentra allí, es obvio que no vas a realizar acciones sobre esto. No vas a actuar sino sobre aquellas cosas en las cuales enfoques tu pensamiento. Toda acción ha sido precedida por un pensamiento.

La segunda idea es que todo aquello en lo que piensas tiende a expandirse en tu vida. Todo aquello en lo que enfoques tu mente tiende a hacerse realidad. Entonces, si tu mente está enfocada en tus debilidades, estas tenderán a expandirse y manifestarse en tu vida. Si no te sientes amado en tu vida, estoy seguro que tu pensamiento dominante será la falta de amor.

Si piensas que eres un incapaz es porque seguramente siempre estás pensando en tus debilidades. Y entre más incapaz te sientas, más incapaz te percibirán los demás y así mismo te tratarán, lo cual sólo reafirmará lo que ya sabías: que eres un incapaz. ¿Te das cuenta de lo peligroso que es este círculo vicioso?

Si estás experimentando carencias en algún área de tu vida, debes entender que es simplemente la manifestación de algún pensamiento dominante que desde el interior de tu mente comanda tu vida y tus acciones. Aquello que sientes que falta en tu vida es, seguramente, en lo que siempre estás pensando y te faltará mientras continúes concentrado en ello, ya que los pensamientos de carencia invadirán tu mente y actuarás de acuerdo con dicha conciencia de carencia.

Lo curioso es que las personas que tienen suficiente, así no tengan tanto como tú, no piensan en lo que les falta sino en lo que tienen. Si piensas en las carencias se expandirán en tu vida, pero si te enfocas constantemente en tus dones, estos se harán cada vez más visibles.

En nuestras relaciones sucede lo mismo. Si constantemente estás pensando en lo que le falta a tu pareja, cada día lo verás con mayor facilidad. ¿Quieres ver a tus hijos haciendo mejores cosas? Comienza a sorprenderlos haciendo algo bien. Si te enfocas en todo lo que están haciendo mal, con seguridad, cada día los verás haciendo más cosas mal.

Una mamá me decía que su problema era que su hijo de seis años no hacía nada bien; que siempre lo sorprendía realizando alguna travesura, que no se podía quedar quieto y no hacía caso. Y todo esto la tenía muy mal. Así que me traía a su hijo para que yo le ayudara y ella pudiera sentirse mejor. Hablé con el pequeño, quien me aseguró que no tenía ningún problema.

Entonces, yo me pregunto, ¿quien necesita tratamiento, el niño que está haciendo lo que todo niño de seis años hace o la mamá que está mal porque siempre busca sorprenderlo en medio de alguna de sus travesuras y lo logra? Así que le dije a la mamá: ¿quiere que su hijo mejore? Busque la manera de sorprenderlo haciendo algo bien siempre. Y entre más lo sorprenda haciendo cosas bien, más lo verá haciendo cosas buenas.

Recuerda, todo aquello que mantengas en tu mente buscará manifestarse en tu vida. El escritor y conferencista Earl Nightingale solía decir: "te convertirás en aquello en lo cual pienses constantemente." Cada día, cada minuto, cada segundo de tu vida estás construyendo tu futuro con tu manera de pensar. Hoy, en este preciso instante tienes la oportunidad de comenzar a construir un nuevo futuro lleno de logros, abundancia y felicidad. Todo lo que debes hacer es cambiar la clase de pensamientos con los cuales has venido alimentando tu mente. Piensa en los sueños que deseas alcanzar; piensa en las fortalezas que tienes y las habilidades que deseas desarrollar; reflexiona sobre los hábitos que deseas ver en ti mismo y en los demás y verás como estos pensamientos tenderán a manifestarse en tu vida.

## Mensaje # 58:

Si estás experimentando carencia en algún área de tu vida, debes entender que es simplemente la manifestación de algún pensamiento dominante que desde el interior de tu mente comanda tu vida y tus acciones. Aquello que sientes que falta en tu vida es, seguramente, en lo que siempre estás pensando y te faltará mientras continúes concentrado en ello, ya que los pensamientos de carencia invadirán tu mente y actuarás de acuerdo a dicha conciencia de escasez.

# EPÍLOGO

En el siglo V a. C., los filósofos griegos se enfrentaban a dos corrientes antagónicas que pretendían explicar la naturaleza del ser humano y el universo que les rodeaba. Parménides hablaba del ser inmutable, único y constante, mientras que Heráclito reflexionaba sobre un ser en proceso perpetuo de cambio. Esta visión, junto con las apreciaciones de Demócrito sobre la composición de la materia, eventualmente dieron origen a la concepción de la dualidad materia-espíritu. En la medida en que la división entre el espíritu y la materia encontró más y más aceptación, los filósofos volcaron su atención hacia el mundo del alma y el espíritu. Desde aquel entonces, el ser humano ha buscado respuesta a una de las mayores incógnitas acerca de sí mismo: la magnitud del poder que reside en su mente y el papel que este juega para obtener su felicidad.

Tristemente, los sabios de nuestra historia estaban en lo correcto, muchas veces en medio de nuestro afán por lograr el éxito y la felicidad, buscamos fuera de nosotros algo que siempre se ha encontrado en nuestro interior: el secreto para vivir una vida plena y feliz.

Todos queremos ser felices y tener éxito en la vida; deseamos saber cuál es el secreto que nos permita lograrlo, pero al no creernos poseedores de tan valiosa fortuna, buscamos fuera de nosotros algo que es parte de nuestra misma esencia. Porque lo cierto es que todo lo que necesitamos saber para triunfar y vivir una vida plena y feliz se encuentra dentro de cada uno de nosotros. Las respuestas a todas nuestras preguntas, las soluciones a todos nuestros problemas, el poder para hacer realidad nuestras metas más ambiciosas se encuentra enterrado en lo más profundo de nuestra mente subconsciente. Sólo necesitamos cuestionarnos, escuchar la voz de nuestro subconsciente y confiar.

## Mensaje # 59:

Todos queremos ser felices y tener éxito en la vida; de-seamos saber cuál es el secreto que nos permita lograrlo, pero al no creernos poseedores de tan valiosa fortuna, buscamos fuera de nosotros algo que es parte de nuestra misma esencia. Todo lo que necesitamos saber para triunfar y vivir una vida plena y feliz se encuentra dentro de nosotros. Las soluciones a todos nuestros problemas, el poder para hacer realidad nuestras metas más ambiciosas se encuentra enterrado en lo más profundo de nuestra mente subconsciente. Sólo necesitamos preguntarnos, escuchar la voz de nuestro subconsciente y confiar.

Las imágenes mentales que consistentemente mantenemos en nuestro subconsciente buscan manifestarse en nuestro mundo exterior. Las acciones y sucesos externos son sólo la manifestación física de las acciones y sucesos internos. Nos convertiremos en todo aquello en lo que pensemos constantemente. Este es quizás el principio fundamental del éxito y la felicidad.

El pesimista vive en un mundo negativo y deprimente, mientras que el optimista vive en un mundo positivo, lleno de oportunidades. Y lo más curioso de todo es que se trata del mismo mundo. Las diferencias que ellos observan son sólo el resultado de sus pensamientos dominantes. La buena noticia es que si en este momento no estás viviendo la clase de vida que siempre has deseado, puedes cambiar esa realidad modificando la clase de información con la cual alimentas tu mente.

Recuerda que todo lo que se manifiesta en tu vida es el resultado de todo lo que previamente se ha manifestado en tu mente. Ciertamente, todos y cada uno de nosotros somos "los arquitectos de nuestro propio destino".

## Mensaje # 60:

Nos convertiremos en todo aquello en lo que pensemos constantemente. El pesimista vive en un mundo negativo y deprimente, mientras que el optimista vive en un mundo positivo, lleno de oportunidades. Lo más curioso de todo es que se trata del mismo mundo. Las diferencias que ellos observan son sólo el resultado de sus pensamientos dominantes. Recuerda que todo lo que se manifiesta en tu vida es el resultado de todo lo que previamente se ha manifestado en tu mente. Ciertamente, todos y cada uno de nosotros somos "los arquitectos de nuestro propio destino".

**Los genios no nacen... ¡SE HACEN!**
del Dr. Camilo Cruz
Esta obra se terminó de imprimir en
octubre de 2013 en Cargraphics, S.A. DE C.V.
Calle Aztecas No. 23, Col. Santa Cruz Acatlan
Naucalpan, Edo. de México C.P. 53250